江西省社会科学“十三五”规划青年项目
“企业伪社会责任的识别机制、影响效应与对策研究”（NO. 19GL40）研究成果

企业社会责任

与经营绩效

CORPORATE

SOCIAL RESPONSIBILITY
AND BUSINESS PERFORMANCE

郑淑芳 著

SSAP 社会科学文献出版社
SOCIAL SCIENCES ACADEMIC PRESS (CHINA)

摘 要

厘清企业履行社会责任对经营绩效的影响作用，对于引导企业积极履行社会责任，进一步促进经济社会和谐发展具有重要意义。现有研究主要基于完全理性假设展开，尚未得到一致结论，但行为经济学的研究表明人并非完全理性且具有社会偏好，可能导致企业在履行社会责任过程中表现出不同的行为特征，包括政企互惠、社会责任缺失、伪善和工具性社会责任等。企业为何会在社会责任实践中呈现不同的行为特征，其决策依据是什么？不同企业社会责任行为又将带来什么影响效应，以及如何避免社会责任缺失、伪善和工具性社会责任行为的发生？回答这一系列问题，有助于揭示企业社会责任与经营绩效之间的“黑箱”，深化人们对企业社会责任行为的理解，为引导企业履行社会责任提供理论基础。

本书主要从以下四个方面进行研究：首先，基于行为经济学的互惠性偏好假设，探讨企业与政府关于社会责任履行的互惠机制；其次，基于公平偏好假设，系统分析企业履行社会责任过程中缺失和伪善行为的决策依据及影响效应；再次，从企业动机出发，揭示企业履行社会责任对经营绩效的影响及其动机和传导路径，考察是否存在工具性社会责任现象；最后，在上述分析的基础上，进一步研究政治关联对企业履行社会责任过程中缺失、伪善和工具性社会责任行为的影响。具体工作和主要研究结论如下。

第一，研究互惠性偏好下企业履行社会责任对经营绩效的影响（第3章）。本书将行为经济学的互惠性偏好假设纳入分析框架，构建完全理性和互惠性偏好下企业和政府的博弈模型，考察企业履行社会责任对经营绩效的影响效应，以及企业与政府关于社会责任履行的互惠机制。研究发现，在互惠性偏好假设下企业和政府的效用能实现帕累托改进：企业履行更多的社会责任，且政府愿意降低利益分配比或改善投资环境作为回报，博弈结果是双方效用均大于完全理性时的期望效用，实现双方合作共赢。

第二，研究企业履行社会责任过程中缺失行为对经营绩效的影响（第4章）。本书基于公平偏好假设，分别构建有无社会责任缺失行为下企业和政府的博弈模型，深入考察企业履行社会责任过程中缺失行为的决策依据和影响效应，并拓展研究了政治关联对企业社会责任缺失行为的影响。研究发现：当社会各界希望企业履行的社会责任较多时，企业将在社会责任实践活动中实施缺失行为，以提高企业效用，但损害政府效用；在外界环境变动较小时，政治关联可以降低企业社会责任缺失水平，增加政府效用，但会降低企业效用。

第三，研究企业履行社会责任过程中伪善行为对经营绩效的影响（第5章）。本书基于公平偏好假设，分别构建有无社会责任伪善行为下企业和政府的博弈模型，深入考察企业履行社会责任过程中伪善行为的决策依据和影响效应，并进一步探究政治关联对企业伪善行为的影响。研究发现：当企业对外承诺或宣称履行的社会责任较多时，企业将在履行社会责任过程中采取伪善行为，以提高企业效用，但损害政府效用；政治关联将提高企业伪善水平，在一定条件下增加伪善企业效用，但会使政府效用损失量加大。

第四，研究企业履行社会责任对经营绩效的影响路径（第6章）。本书以2009~2015年中国A股上市企业为研究样本，分析企业履行社会责任对经营绩效的影响及其动机和传导路径，考察是否存在工具性社会责任现象，并进一步探讨政治关联在各传导路径中发挥的调节作用。研究发现：国有上市企业和非国有上市企业主要是基于“工具动机”履行社会责任，能显著提高经营绩效；且国有上市企业存在部分的会计路径，非国有上市企业存在部分的会计路径和税收路径，但均不存在声誉路径；政治关联可以抑制国有上市企业工具性社会责任的会计路径，但强化非国有上市企业工具性社会责任的会计路径和税收路径。

本书的创新主要体现在以下三点。第一，不同于现有文献基于完全理性假设展开，本书考虑到人并非完全理性且具有互惠性偏好，从互惠性偏好的视角探讨企业与政府关于社会责任履行的互惠机制，以提高模型的现实解释力，为实施以合作共赢为核心的合作倡议提供理论依据，并为引导企业履行社会责任提供有异于道德约束和制度监督的新思路。第二，本书突破以往研究将企业决策过程视作“黑箱”的局限性，通过构建企业和政府的博弈模型，系统分析了企业履行社会责任过程中缺失和伪善行为的决策依据及影响效应，并为后续讨论企业社会责任缺失和伪善行为的改进对策提供理论基础。此外，本书还探讨了企业履行社会责任的动机及其传导路径，这有助于揭示企业社会责任与经营绩效之间的“黑箱”，深化人们对企业社会责任的理解。第三，本书弥补之前研究没有深入讨论改善对策和实施效果的不足，进一步厘清了政治关联对企业履行社会责任过程中缺失、伪善和工具性社会责任行为的影响，为政府合理有效地采用政治关联的方式引导和规范企业履行社会责任提供经验依据。

ABSTRACT

It is important to clarify the influence of corporate social responsibility (CSR) on business performance, in order to guide the enterprises to fulfill the CSR and to promote the further development of economy and society. Current studies mainly focused on complete rational assumption and did not reach a consensus. However, behavioral economics suggested that human beings are not complete rational and have social preference, which may lead to different behavior characteristics, including the reciprocity between government and enterprises, corporate social irresponsibility, hypocrisy and the instrumental CSR. Why did the enterprises present different behavior characteristics in social responsibility practices? What impact did different CSR behaviors bring to business performance? Furthermore, how to solve the problems of corporate social irresponsibility, hypocrisy and the instrumental CSR? Answering these questions is helpful for revealing the black box between the CSR and business performance, deepening people's understanding of the CSR, and providing a theoretical basis for guiding enterprises to fulfill their social responsibilities.

This book is mainly studied in the following aspects: Firstly, based on the reciprocal preference assumption, the book explores theoretically the reciprocal mechanism between government and enterprise; Secondly, The book investigates the decision-making basis and effect of corporate social irresponsibility and hypocrisy behavior; Thirdly, The book reveals the effect, motivation and transmission path of CSR on business performance, and examines whether there is a phenomenon of instrumental CSR; Lastly, The book further explores the effect of political connection on corporate social irresponsibility, hypocrisy and instrumental CSR behavior. The mainly work and conclusions are embodied in the following aspects:

1. The influence of CSR on business performance from the perspective of reciprocal preference (Chapter 3) . This book has incorporated the reciprocal preference into analytical framework and conducted the game models of enterprise-government under the situation of complete rational and reciprocal preference, to analyse the reciprocal mechanism between enterprise and government. The findings imply that there is a reciprocal mechanism when the enterprise undertake more CSR and the government is willing to reduce profit distribution ratio or improve the investment environment as return.

2. The influence of corporate social irresponsibility behavior on business performance (Chapter 4) . Based on the fairness preference assumption, The paper conducted two game models of enterprise-government with/without corporate social irresponsibility behavior, and explored the decision-making basis and effect of corporate social Irresponsibility behavior. What's more, The paper analyzed the impact of political connection on corporate social irresponsibility behavior. It is demonstrated that enterprise would implement the corporate social irresponsibility behavior in certain situation, which can improve enterprise's utility and damage government's utility. Political Connect can reduce the level of corporate social irresponsibility behavior and improve government's utility when the change of environment is small.

3. The influence of hypocrisy behavior on business performance (Chapter 5). Based on fairness preference assumption, This book conducted two game models of enterprise-government with/without hypocrisy behavior, and explored the decision-making basis and effect of hypocrisy behavior. Then, we analyzed the influence of political connection on hypocrisy behavior. This book indicated that enterprise would implement the hypocrisy behavior in certain situation, which can improve enterprise's utility and reduce government's utility. Political connection would increase the level of hypocrisy behavior and the loss of government's utility.

4. The influence path of CSR on business performance (Chapter 6). This research discussed the influence, motivation and transmission path of CSR using the data of China's A shares listed companies, and explored the effect of political connection on instrumental CSR. It is demonstrated that the stated-owned listed companies and non stated-owned listed companies are based on the "instrumental motivation" to fulfill CSR, which can significantly improve their business performance. There is partial accounting path in stated-owned listed companies, and there are partial accounting and rate path in non stated-owned listed companies. Furthermore, political connection can effectively inhibit Stated-owned listed companies' accounting path, but strengthen non stated-owned listed companies' accounting and rate path.

The main innovations in this book are: (1) Compared with the existing research with complete rational assumption, this book incorporates the reciprocal Preference into analytical framework to improve the realistic explanatory power of model, and discusses the reciprocal mechanism between enterprise and government to provide a theoretical basis for implementing the cooperative initiative with win-win cooperation. (2) This book explores the decision-making basis and effect of corporate social irresponsibility and hypocrisy behavior through conducting the game models of enterprise-government. It helps us to better understand the corporate social irresponsibility and hypocrisy behavior, break through the limitation of regarding the decision-making process as a black box and provide the theoretical basis for discussing the specific improvement schemes in further study. What's more, this book discusses the motivation and transmission path of CSR to reveal the black box between CSR and business performance, and deepen the understanding of CSR. (3) This book explores the influence of political connection on corporate social irresponsibility behavior, hypocrisy behavior and instrumental CSR to makes up for the lack of in-depth discussion on improvement strategy and implementation effect, and provide advises for government to regulate and guide the enterprise to fulfill CSR through political connection.

目　录

第一章　绪　论 ……………………………………………… 001

第一节　研究背景 ……………………………………………… 001

第二节　研究内容 ……………………………………………… 003

第三节　主要研究方法 ………………………………………… 013

第四节　研究的创新点 ………………………………………… 014

第二章　文献回顾 …………………………………………… 017

第一节　企业社会责任 ………………………………………… 017

第二节　经营绩效 ……………………………………………… 032

第三节　政治关联 ……………………………………………… 037

第四节　文献述评 ……………………………………………… 048

第三章　互惠性偏好下企业履行社会责任对经营绩效的影响 ……… 050

第一节　问题的提出 …………………………………………… 050

第二节　模型基本假设 ………………………………………… 052

第三节　模型构建 ……………………………………………… 054

第四节　算例 …………………………………………………… 061

第五节 本章小结 …… 062

第四章 企业履行社会责任过程中缺失行为对经营绩效的影响 …… 063

第一节 问题的提出 …… 063

第二节 基本模型设定 …… 065

第三节 无社会责任缺失行为下企业和政府的博弈模型 …… 068

第四节 有社会责任缺失行为下企业和政府的博弈模型 …… 072

第五节 政治关联对企业社会责任缺失行为的影响 …… 078

第六节 算例 …… 084

第七节 本章小结 …… 093

第五章 企业履行社会责任过程中伪善行为对经营绩效的影响 …… 094

第一节 问题的提出 …… 094

第二节 基本模型设定 …… 096

第三节 社会责任伪善行为下企业和政府的博弈模型 …… 099

第四节 政治关联对企业社会责任伪善行为的影响 …… 103

第五节 算例 …… 107

第六节 本章小结 …… 113

第六章 企业履行社会责任对经营绩效的影响路径 …… 115

第一节 问题的提出 …… 115

第二节 理论推导和研究假设 …… 117

第三节 研究设计 …… 121

第四节 结果分析与讨论 …… 126

第五节 本章小结 …… 145

第七章 结论与展望 …… 146
第一节 主要研究结论 …… 146
第二节 政策建议 …… 148
第三节 研究展望 …… 150

参考文献 …… 152

第一章
绪　论

第一节　研究背景

企业社会责任是指企业在某一时期内对各利益相关者应该承担的经济、法律、伦理和慈善责任等，在进行社会资源再分配、缓和社会矛盾以及促进经济可持续发展等方面发挥着不可忽视的作用（Carroll，1979）。截至目前，中国已经发布的社会责任规范和指导意见主要有：《中国纺织企业社会责任管理体系》（2005）、《深圳证券交易所上市公司社会责任指引》（2006）、《中央企业履行社会责任的指导意见》（2008）、《中国工业企业及工业协会社会责任指南》（2008）、《中国企业社会责任指南》（2015）、《社会责任指南》（2015）等。这些文件的发布充分反映了中国政府和行业协会等对企业社会责任的重视和关注。然而，中国社会科学院发布的《企业社会责任蓝皮书：中国企业社会责任研究报告（2017）》指出，中国企业300强的社会责任发展指数平均得分仅为37.4分，同比提高2.4分，仍处于起步阶段。王琦和吴冲（2013）认为企业履行社会责任对经营绩效的影响具有不确定性，大大降低了企业履行社会责任的积极性和动力，导致中国企业履行社会责任的现状并不理想，进而引发一系列社会问题，对构建和谐社会产生不可忽视的消极影响。因此，厘清企业履行社会责任对经营绩效的影响，对于引导企业积极履行社会责任，进一步促进经济社会和谐发展具有重要意义。

现有文献大多基于完全理性假设就企业履行社会责任对经营绩效的影响进行分析，尚未得到统一结论。Griffin 和 Mahon（1997）通过对51篇相关文献进行统计分析发现，发现企业社会责任与经营绩效存在正相关关系的论文有33篇，认为两者呈负相关关系的论文有20篇，结论不明确的论文9篇（其中部分文献同时得到正相关和负相关、正相关和不相关等不一致的结论，所以三种结论的文章总数超过51篇）。此后的文献也没有得到一致的研究结论。有的学者研究表明企业履行社会责任将增加企业的经营成本，从而降低经营绩效（Brammer，2006；杨皖苏、杨善林，2016）。而有的学者认为企业承担社会责任可以提高企业声誉和品牌价值，进而增加经营绩效（Backhaus，et al.，2002；Lubin and Esty，2010；何玉等，2017）。一些学者则表示企业社会责任与经营绩效之间并没有关系（McWilliams and Siegel，2001；陈玉清、马丽丽，2005）。

然而，行为经济学的研究表明人并非完全理性且具有社会偏好，可能做出与完全理性时不同的行为决策，进而导致企业在履行社会责任过程中表现出不同的行为特征。社会责任实践中政企互惠、缺失、伪善和工具性社会责任等现象普遍存在，但没有引起学者们的重视与关注。相关文献主要停留在现象描述和问题提出等层面，缺乏全面系统的研究，并未深入讨论企业履行社会责任过程中所涉及的博弈问题和决策过程，仅将其视作“黑箱”。因此，本书基于行为经济学的视角，试图回答以下问题：企业为何在社会责任实践活动中表现出不同的行为特征？决策依据是什么？不同企业社会责任行为的影响效应如何？

经济体制改革的核心问题是处理好政府和市场的关系，使市场在资源配置中起决定性作用和更好发挥政府作用。企业社会责任具有强外部性，且社会责任实践活动中普遍存在的缺失、伪善和工具性社会责任等行为会引发一系列社会问题，亟须政府发挥干预引导的职能（黎文靖，2012）。政治关联作为政府干预市场活动的重要途径之一，可以搭起政府与企业沟通的桥梁，更好地规范企业行为（杜兴强等，2009），同时也可以作为一种寻租手段，使政治关联企业面临更小的潜在政治风险（尤其是被相关征管部门稽查的风险），为企业不负责任行为提供庇护（李增福等，2016）。由此看来，政治关联可能作为一种干预或寻租手段影响企业履行社会责任，但影响作用具有不确定性。为此，有必要在探讨不同企业社会责任行为的决策依据和影响效应的基础上，进一步厘清政治关联对不同企业社会责任行为的影响作用，以便政府合理有效地运用政治关联的方式引导企业履行社会责任。

综上，本书首先基于互惠性偏好假设，探讨企业与政府关于社会责任履行的互惠机制；其次，基于公平偏好假设，深入考察企业履行社会责任过程中缺失和伪善行为的决策依据及其影响效应；再次，从企业动机出发，讨论企业履行社会责任对经营绩效的影响及其动机和传导路径，考察是否存在工具性社会责任现象；最后，在上述分析的基础上，拓展研究政治关联对企业履行社会责任过程中缺失、伪善和工具性社会责任行为的影响作用。这一系列研究有助于更好地理解企业社会责任行为及其影响效应，揭示企业社会责任与经营绩效之间的“黑箱”，明确政治关联在不同企业社会责任问题上发挥的影响作用，为引导企业履行社会责任提供理论基础。

第二节　研究内容

一　主要概念的界定

本书在已有学者的研究基础上，根据本书的研究内容和视角，对书中涉及的主要概念进行界定。

（一）企业社会责任

企业社会责任是一个复杂且充满争议的概念，最早由英国学者 Oliver Shelton 于 1924 年在《管理哲学》一书中提出。他认为企业社会责任是指企业经营者满足产业内外各种人类需要的责任总称，并表示社会责任应将道德因素包括在内。

随后，不同学者对企业社会责任从不同的角度和领域进行了解读和扩展，企业社会责任的内涵不断细化。20 世纪 30 年代，哈佛大学法学院的 E. M. Dodd 教授从企业权利来源的角度界定企业社会责任的概念，认为企业应对雇员、消费者和公众负有社会责任。Berle 教授对此表示异议，认为企业存在的本质是追求利润最大化，唯一的责任就是对企业股东负责，由此引发美国公司法学界持续数十年的"多德—贝利"论战。1953 年，被称为"企业社会责任之父"的 Bowen 在《商人的社会责任》一书中，表示商人应按照社会的目标和价值，向有关政策靠拢，并做出相应的决策和具体行为。Davis（1960）认为企业社会责任是指在某种程度上超越直接经济和技术目标的企业决策和行为。Davis 和 Bloodstream（1975）认为，企业社会责任是指企业在谋求利益的同时，需要承担维护和增加社会福利的义务。Carroll（1979）提出企业社会责任四维模型，也被称为金字塔模型，并表示企业社会责任应由经济责任、法律责任、伦理责任以及慈善责任四方面内容构成，且企业履行社会责任时应由下至上逐层推进。Frederick（1983）强调企业应该以能够满足公众预期的方式运行，即企业生产经营活动应以增进社会经济福利为目标。McGuire（1988）则认为企业社会责任的核心在于企业不仅要有经济和法律义务，还需对社会负有超越这些义务之外的某些责任。Garriga 和 Mele（2004）将社会责任理论分为四类：工具理论、政治理论、综合理论和伦理理论。其中，工具理论强调社会责任是企业盈利方式的一种；政治理论强调企业社会责任仅仅是企业社会化有效性的基础；综合理论认为社会责任是把商业活动与其他社会问题实现更广泛的整合；伦理理论则从人类共存的道德本性出发定义企业社会责任。陈迅和韩亚琴（2005）认同企业社会责任应该包括经济、法律、伦理和自愿性责任等方面，并表示企业社会责任的实行顺序应是分层次的。李伟阳和肖红军（2011）认为企业社会责任是指在特定的制度安排下，企业追求在预期存续期内最大限度地增进社会福利的意愿、行为和绩效。陈承等（2015）考虑到中小企业的资源、管理等条件的约束性，借鉴前人观点将中小企业的特性与社会责任特征结合起来，重新界定了中小企业的社会责任概念和维度。

除了学术界，很多团体和组织为了在实践中更好地开展和衡量企业社会责任活动，也相继提出了有利于在实际中度量的企业社会责任概念。例如，美国经济发展委员会（Committee for Economic Development，CED）于 1971 年提出了同心圆的社会责任定义，3 个同心圆分别表示三个不同层次的企业社会责任：内圈是指企业有效履行经济职能；中间圈表示企业在有效承担基本经济职能的同时，需时刻关注不断变化的社会价值观念和主流民意；外圈则强调企业更广泛地关注新的社会与环境问题。2003 年，世界经济论坛在定义企业社会责任时，将企业看成企业公民，认为企业公民应承担两部分责任：社会责任和道德责任。社会责任是指企业依照法律法规必须履行的责任，道德责任则是企业依照伦理道德应该履行的责任。国际标准化组织（ISO）于 2010 年发布《社会责任指南标准（ISO26000）》，用社会责任（SR）代替企业社会责任（CSR），使得以往只针对企业的指南扩展到适用于所有类型的组织，将社会责任定义为：组织通过透明的和合乎道德的行为，为其决策和活动对社会和环境的影响而承担的责任，包括 7 个核心主题（组织治理、人权、劳工实践、环境、公平运营、消费者、社会参与和发展）以及 37 个社会责任问题。

目前学术界普遍接受的是卡罗尔（Carroll，1979）对企业社会责任的理解，认为企业社会责任是指在某一特定时期，社会对组织所寄托的经济、法律、伦理和自由决定的期望，包括 4 个层面：企业的经济责任、法律责任、伦理责任和慈善责任。20 世纪 80 年代后，对企业社会责任的解读大多是在 Carroll（1979）的基础上进行细化，但本质是一样的（Benedict Sheehy，2015）。

鉴于此，本书借鉴 Carroll（1979）对企业社会责任的理解，将企业社会责任定义为：企业在生产经营过程中，对利益相关者应该承担的经济、法律、伦理和慈善责任。在具体研究中，目前国内外学者大多是将企业对各利益相关者承担的经济、法律、伦理和慈善责任转化成一个综合指标构建模型。本书的研究也沿用此方法，在第三、第四和第五章的数理模型分析中用 A 作为替代指标，而在第六章的实证分析中，以上交所 2008 年发布的《关于加强上市公司社会责任承担工作的通知》中定义的每股社会贡献值来测算企业社会责任，具体衡量公式为：每股社会贡献值 =（净利润 + 所得税费用 + 营业税金及附加 + 支付给职工以及为职工支付的现金 + 本期应付职工薪酬 - 上期应付职工薪酬 + 财务费用 + 捐赠 - 排污费及清理费）/期初和期末总股数的平均值。

（二）经营绩效

关于绩效的定义主要有三种观点，包括“绩效是结果”、“绩效是行为”和“绩效是行为和结果”。第一，结果角度——绩效是指企业在生产经营过程中所得到的最终结果。Bernardin 和 Beatty（1984）认为经营绩效为企业在生产经营活动中获得最终成果的概称，包括两类衡量指标：一类是狭义的企业经营绩效，主要是指企业财务指标，如利润、ROA、销售金额、市场占有率等；另一类是广义的企业经营绩效，在考虑财务指标的基础上增加其他非经济类的指标，如产品质量、与顾客的关系等。Bernadin 等（1995）将绩效定义为在特定的时间内，由特定的工作职能或活动所创造的产出。Kane（1996）认为绩效是与企业目标紧密联系的结果，反映了过去已经发生的工作成绩和工作效果。张蕊（2002）认为经营绩效为企业为了实现生产经营目的，运用特定的指标和标准，采用科学的方法，对企业生产经营活动过程及结果做出的一种价值判断。第二，行为角度——绩效并不是产出或结果，而是那些与目标有关的行为。Campbell（1990，1993）认为绩效是那些与组织目标有关的，且可以根据个人能力进行评估的行为或行动，并提出了要素模型，包括特定工作的任务熟练程度、非特定工作的任务熟练程度、书面和口头任务表达能力、工作所表现的努力、遵守个人纪律、促进他人和团队绩效、监督和领导和行政管理 8 个一般性要素。Jensen 和 Murphy（1990）指出绩效是指与组织或组织单位的目标相互关联的行为。第三，行为和结果角度——绩效应包括行为和结果两个方面。Brumbrach（1988）认为行为不仅是结果的工具，也是一种结果，体现了为完成工作任务所付出的脑力和体力的结果，故将绩效解读为行为和结果的综合。

目前，学者们由于强调的重点和研究的主题不同，对经营绩效衡量指标的选取也存在差异。比如，Borman 和 Motowidlo（1993）将经营绩效分为两大类：任务绩效和关系绩效。其中，任务绩效与企业产出直接相关，关系绩效则是指企业利用拥有的资源和条件等与外围组织互动融合而产生的收益。Eric Sandelands（1994）运用 Kaplan 和 Norton 提出的平衡记分卡法来衡量经营绩效，它是把财务、顾客、内部运营和学习成长 4 个方面结合起来的绩效评价方法。Lee 等（1995）结合财务和非财务指标构建了一个三层次的经营绩效评价模型。王化成和刘俊勇（2004）用投资报酬率来评价企业经营绩效。尹开国等（2014）则采用主营业务收益率来反映企业经营绩效。

本书从结果的角度对经营绩效进行解读，认为经营绩效是指企业在生产经营活动中获得最终成果的概称。在第三、第四和第五章的数理模型分析中，把企业效用作为衡量经营绩效的指标，即企业在某段时期内通过生产经营活动获得的最终成果，包括绝对收入、嫉妒偏好负效用和自豪偏好正效用。而在第六章的实证分析中采用营业成本利润率来度量企业经营绩效，计算公式为：CFP = （营业总收入 - 营业总成本）/营业总成本。原因在于，企业效用数据较难获取，且营业成本利润率可以有效降低人为操纵的可能性，准确地反映企业通过生产经营活动获取的最终成果。

（三）社会责任缺失

对社会责任缺失概念的界定方式主要有两种：定义式和列举式。第一，定义式。Armstrong（1997）是较早关注企业社会责任缺失问题的学者之一，他将企业社会责任缺失定义为“没有考虑对不同利益相关者影响的次优决策”，即以牺牲社会总体利益为代价获取个体利益的企业行为，并将它分为两类：非法的且不道德或不可持续的行为，以及合法的但不道德或不可持续的行为。Brammer 和 Pavelin（2005）将企业社会责任缺失理解为一系列企业对社会不负责任的行为，这一观点得到 Wagner 等（2008）和 Williams 等（2008）的支持。Greenwood（2007）认为社会责任缺失就是不道德的行为。Jones 等（2009）表示企业社会责任缺失是指与积极主动地处理企业事务不同，企业更为消极懈怠地处理与整体社会有关的问题，最为极端的例子就是违法。Lange 和 Washburn（2012）则是直接将 CSI 作为 CSR 的对立面，将社会责任缺失定义为企业对社会造成危害的不负责任行为。Lin-Hi，N. 和 Müller，K.（2013）认为企业社会责任是指企业“做了好事”，承担了经济、法律、伦理和慈善等责任，而企业社会责任缺失作为其对立面，是指企业没有做好事。姜丽群（2014）认为企业社会责任缺失是指企业出于自利或其他原因而没有按照社会预期来承担社会责任，并对社会造成负面影响、危害和损害的企业行为，根据不同的企业动机将其分为行业行为、故意行为和无意行为。Riera，M. 和 Iborra，M.（2017）认为社会责任缺失是企业有意而为之的结果，将损害其他利益相关者的利益。第二，列举式。Fox（1996）通过对不必要工伤、环境恶化、资源浪费和造成经济不平等的行为进行分析，发现废除资本主义意识形态有助于防止企业社会责任缺失现象的发生。Frooman（1997）对虚假广告、环境污染、危险产品召回、违反安全规定、价格垄断等社会责任缺失行为进行分析，发现这些行为将损害股东利益。Sarre（2001）考察了法人犯罪、员工工伤、金融危机和环境灾害等企业社会责任缺失行为所带来的影响，并认为积极完善法律法规有助于避免社会责任缺失行为。deMaCarty（2009）认为欺诈、价格垄断、串通投标、贿赂和逃税等企业社会责任缺失行为带来的效用损失将抵消企业履行社会责任所带来的效用增加。Ireland（2010）发现将有限责任的特权与控制权限分开有助于减少企业社会责任缺失行为，包括法人渎职、不计后果的冒险、投机行为等。

上述研究对企业社会责任缺失的概念界定又可以归纳为两类：一种是狭义的企业社会责任缺失，指企业违反法律的负外部性行为；另一种是广义的企业社会责任缺失，指企业没有积极参与社会责任，产生除经济利益之外的正外部性（刘非菲，2015）。本书采用广义的企业社会责任缺失概念，强调的是企业在合法经营的前提下，不积极响应政府的号召履行社会责任，即没有按照社会预期做那么多对社会有贡献的好事。在第四章的具体研究中，本书把社会公众希望企业承担的社会责任与企业实际履行的社会责任之间的差距作为反映企业社会责任缺失水平的指标，用 S 表示。

（四）伪善

伪善是由“伪”和“善”相结合而构成的新术语。所谓伪，就是虚假的、假装的，社会学研究把“伪善”解释为“说一套做一套”，即“言行不一”（Shklar，1984）。Batson 和 Collins（2006）从道德的角度进行解读，认为伪善是指一个人意图营造出具有道德感的形象，但不愿意承担该行为的成本。实际上，伪善概念不仅针对个人，同样适用于企业，“企业伪善”可以理解为企业的“真我”有别于其声称的“自我”(Hamilton and Sherman，1996)。Wagner 等（2009）尝试从社会责任的角度对伪善进行概念界定，认为伪善是指企业表面上表现得具有较高的社会责任觉悟，但在社会责任实践中并未履行那么多社会责任，即企业实际履行的社会责任与其社会责任理念或承诺相违背（Anders and Joakim，2011）。肖红军等（2013）则分别从动机层面和言行分离层面来界定企业伪社会责任，并将伪社会责任概念分为狭义和广义两种，狭义的概念是指从言行分离层面进行的界定，广义的概念则包括这两种类型。从动机层面来看，伪社会责任是指企业并非出于真实对社会负责的动机而在表面上表现出“对社会负责”的表象，如社会责任商业作秀；从言行分离层面来看，伪社会责任是指企业在公众面前宣称甚至鼓励别人对社会负责任，但私底下没有采取社会责任行动甚至违背社会责任的行为。

本书采用的是狭义的伪社会责任概念，即从言行分离的层面对伪善进行定义，认为企业对外宣传某种社会责任理念或承诺履行一定的社会责任，而在社会责任实践活动中采取与这个理念或承诺不一致的实际行为。在第五章的具体研究中，本书把企业承诺履行的社会责任与实际履行的社会责任之间的差距作为反映企业伪善水平的指标，用 h 表示。

（五）政治关联

“政治关联”源于英文 Political Connection 和 Political Relationship，国内学者也常称之为“政治关系”“政治资源”“政治背景”等。到目前为止，政治关联仍没有一个统一明确的界定，大多数学者把政治关联理解为企业的核心人物或职务与政府中拥有政治权利的某个人或某政治地位之间的紧密关系。Fisman（2001）认为政治关联是印度尼西亚企业与掌权者的亲密关系。Johnson 和 Mitton（2003）将马来西亚企业的高管或大股东与政府首脑之间的亲密关系视为政治关联。Betrand 等

(2004) 根据企业高管是否曾在政府部门任职或者是否从精英学校毕业来衡量政治关联。Faccio (2006) 则认为只要企业有一位控股股东或高管是州长、政府部长或国会议员，即视其为政治关联企业。吴文锋等 (2009) 和李增福等 (2016) 考虑到中国市场上大部分上市企业股权分散，董事会成员由 CEO 提名，且董事长为企业法人代表，对企业经营决策有重要的影响，故将董事长和总经理作为政治关联的判断对象。

本书讨论的政治关联是指在法律许可的情况下，企业的关键人物具有政治背景或政府官员参与企业管理。在第六章的实证研究中，本书用虚拟变量 0、1 来衡量政治关联，即如果企业实际控制人、董事长和总经理是现任或曾经担任政府官员、军人、人大代表、政协委员等职务，则认为该企业是政治关联企业，赋值为 1，否则赋值为 0。

二　研究内容

依照技术路线图，本书共分为七章，各章节的主要研究内容如下。

第一章为绪论。简要地阐明本书的研究背景和问题，并对研究中涉及的主要概念进行界定。然后，对本书的主要研究内容和研究方法做出说明。最后，重点阐述本书的创新点。

第二章为文献回顾。该部分首先对企业社会责任的相关理论、影响因素以及企业履行社会责任过程中不同行为决策的相关研究进行回顾。然后，系统梳理关于经营绩效的影响因素和企业履行社会责任对经营绩效影响的已有文献。最后，对政治关联的相关研究进行归纳总结，包括政治关联的相关理论、动机及其对社会责任和经营绩效的影响。

第三章为互惠性偏好下企业履行社会责任对经营绩效的影响研究。本章将行为经济学的互惠性偏好假设纳入分析框架，构建企业和政府的博弈模型，考察企业履行社会责任对经营绩效的影响，以及企业与政府关于社会责任履行的互惠机制，以更好地理解社会责任实践活动中的政企互惠行为，为引导企业履行社会责任提供理论基础。

第四章为企业履行社会责任过程中缺失行为对经营绩效的影响研究。本书将公平偏好假设纳入分析框架，首先构建无社会责任缺失行为下企业和政府的博弈模型。然后，考量有社会责任缺失行为下企业和政府的博弈模型，并进行比较分析，深入探讨企业社会责任缺失行为的决策依据和影响效应。接下来，合理刻画政治关联，分析政治关联对企业社会责任缺失行为的影响。最后，进行算例分析验证研究结论，以明晰企业社会责任缺失行为的决策过程和影响效应，以及政治关联对企业缺失行为的影响。

第五章为企业履行社会责任过程中伪善行为对经营绩效的影响研究。本书基于公平偏好假设，分别构建有无社会责任伪善行为下企业和政府的博弈模型，并进行比较分析，深入研究企业伪善行为的决策依据和影响效应。然后，进一步探究政治关联对企业伪善行为的影响。最后，利用算例分析验证研究结论，以厘清企业社会责任伪善行为的决策过程和影响效应，以及政治关联对企业伪善行为的影响。

第六章为企业履行社会责任对经营绩效的影响路径研究。本书在企业履行社会责任对经营绩效影响的研究基础上，深入考察企业履行社会责任的动机及其传导路径，包括声誉路径、会计路径和税收路径，并拓展研究政治关联对各传导路径的调节作用，以揭示企业社会责任与经营绩效之间的“黑箱”，明确政治关联在各传导路径中发挥的调节作用。

第七章为研究结论与展望。本部分主要对本书的主要研究结论进行概括性总结，探讨其在政策层面的启示，并在此基础上对后续研究进行展望。

本书的技术路线图如图 1.1 所示。

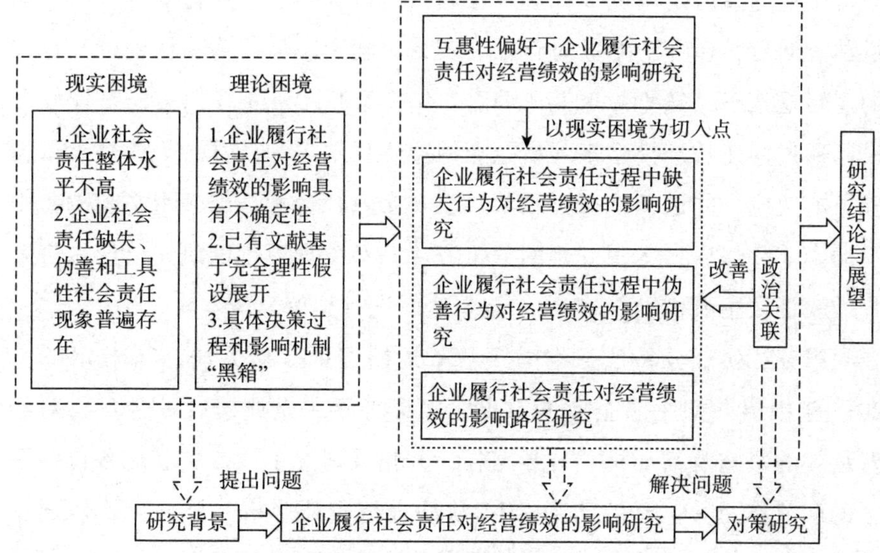

图 1.1　技术路线图

第三节　主要研究方法

本书主要采用了以下三种研究方法。

第一，文献研究法。本书首先对企业社会责任、经营绩效、社会责任缺失、伪善和政治关联的概念进行界定。其次，简要梳理了企业社会责任和政治关联的相关理论，以整体把握相关思想，为之后的研究奠定理论基础。最后，对企业社会责任的影响因素、企业履行社会责任过程中不同行为决策、经营绩效的影响因素、企业履行社会责任对经营绩效的影响作用、政治关联的动机以及政治关联、企业社会责任与经营绩效的相关文献进行归纳和总结，以掌握当前研究现状，并引出本书的研究内容。

第二，数理模型分析法。在互惠性偏好下企业履行社会责任对经营绩效的影响（第三章）的研究中，本书将互惠性偏好引入研究框架，分析企业与政府之间关于社会责任履行的博弈问题，探讨双方合作共赢机制。然后，在考虑企业履行社会责任过程中缺失行为和伪善行为存在的逻辑框架下（第四章和第五章），本书基于行为经济学的公平偏好假设，通过构建数理模型来分析企业社会责任缺失和伪善行为的决策依据和影响效应，并进一步探讨政治关联对企业社会责任缺失水平和伪善水平的影响。最后，运用算例的分析方法，对数理模型的研究结论做进一步的验证。主要借助 Mathematica 8 软件进行算例分析。

第三，实证分析法。本书第六章运用实证分析方法，基于 2009～2015 年中国 A 股上市企业的数据，实证考察了企业履行社会责任对经营绩效的影响及其动机和传导路径，并拓展研究了政治关联对各传导路径的调节作用。主要借助 Stata14 软件进行实证分析，该分析方法通过大量经验数据发现规律，具有较强的解释力和可信度。

第四节　研究的创新点

本书的创新点主要体现在以下三个方面。

第一，本书基于行为经济学的互惠性偏好假设，分析企业与政府关于社会责任履行的互惠机制。

关于企业社会责任与经营绩效的现有文献主要基于完全理性假设展开，尚未得到一致的研究结论，不能为引导企业履行社会责任提供有效的指导意见。行为经济学的研究表明人并非完全理性，具有互惠性偏好，可能导致企业在社会责任履行过程中呈现不同的表现形式，其中政企互惠现象普遍存在。本书将行为经济学的互惠性偏好假设纳入分析框架，通过构建博弈模型，探讨企业与政府关于社会责任履行的互惠机制。本研究提高了模型的现实解释力，能够很好地解释社会责任实践活动中的政企互惠行为，为实施以合作共赢为核心的合作倡议提供理论依据，并为引导企业履行社会责任提供有异于道德约束和制度监督的新思路。

第二，本书基于公平偏好假设，通过构建企业和政府的博弈模型，系统分析了企业履行社会责任过程中缺失和伪善行为的决策依据和影响效应。此外，本书从企业动机出发，深入揭示了企业履行社会责任对经营绩效的影响作用及其动机和传导路径。

企业履行社会责任过程中的缺失和伪善行为已经成为一种全球性普遍现象，但没有引起学者们的广泛关注。虽然也有学者尝试对企业社会责任缺失和伪善行为进行分析，但受限于相关数据的可获得性，并未对该行为的决策过程和影响效应进行深入讨论，大多停留在现象描述和问题提出等层面。本书突破以往研究将企业决策过程视作“黑箱”的局限性，通过构建企业和政府的博弈模型，深入考察企业社会责任缺失和伪善行为的决策依据及影响效应，并为后续讨论这些行为的改善对策提供理论基础。

此外，现有研究主要侧重于分析企业履行社会责任对经营绩效影响的客观表现，将具体影响过程视作“黑箱”，且忽略了企业动机的差异，并未深入探讨不同动机下企业履行社会责任对经营绩效影响的传导路径。实际上，动机是推动人们行动的内部力量，将直接影响企业的行为决策，导致企业履行社会责任对经营绩效的影响和传导路径呈现不同的表现形式。因此，本书从企业动机的角度出发，深入探讨企业履行社会责任的动机及其传导路径，这有助于揭示企业社会责任与经营绩效之间的“黑箱”，提供工具性社会责任存在的经验证据，全面深化人们对企业社会责任的理解。

第三，本书拓展研究了政治关联对企业履行社会责任过程中缺失、伪善和工具性社会责任行为的影响。

企业社会责任实践活动中的缺失、伪善和工具性社会责任行为已经成为全球性普遍现象，引发了一系列社会问题，亟须政府发挥引导和干预的作用。政治关联作为政府干预市场活动的手段之一，现有文献较少将其与企业社会责任联系起来，存在两种相互竞争的观点："政治干预"观点和"关系"观点。与此同时，由于数据较难获得，关于社会责任缺失、伪善和工具性社会责任的已有研究主要侧重于从定性的角度提出较为笼统的改善对策，缺乏对改善对策和实施效果的深入讨论。本书弥补之前研究没有提出针对性改善策略的不足，进一步厘清了政治关联对企业履行社会责任过程中缺失、伪善和工具性社会责任行为的影响，为政府合理运用政治关联的方式引导和规范企业履行社会责任提供经验依据。

第二章
文献回顾

本书的文献回顾部分主要是对企业社会责任、经营绩效和政治关联的相关研究进行系统的梳理和总结，旨在为后续研究的开展奠定理论基础，并引出本书的研究内容。

第一节　企业社会责任

一　企业社会责任的理论基础

（一）企业社会责任理论

自 Clark（1916）在《改变中的经济责任的基础》一书中首次提出企业社会责任思想以来，企业社会责任理论经过100余年的发展演变已逐步形成，并积累了丰富的研究成果。

20世纪30～60年代开展了两次著名的社会责任思想大论战。首先，在30～50年代，Berle和Dodd围绕“公司管理者究竟是谁的受托人”展开了长达10年的论战。Berle认为管理者只是企业股东的受托人，应将股东的利益放在首位。Dodd对此表示异议，并在《哈佛法律评论》上发表了著名的《公司管理者是谁的受托人》一文，提出了一个更为宽泛的受托原则。他认为公司作为一个经济组织，是由信托人管理的机构，其在创造利润的同时，也需要服务社会。经过长时间的激烈讨论，这场论战最终以双方意见达成一致而结束，Berle 改变观念，赞同 Dodd 的观点，并在《现代社会中的公司》一文中表示现代管理者不仅是经营单位的管理者，还是一个社会制度的管理者，其在追求利润的同时，也需要对社会负责。

然而，关于企业社会责任的争论并没有因为 Berle 和 Dodd 的和解而画上句号。1962 年，Manne 在《哥伦比亚法学评论》上发表《对现代公司的激烈批评》一文，态度鲜明地反驳了 Berle 的观点，由此拉开了新一轮企业社会责任思想论战的序幕。他表示管理者个人可能是富有责任感的公民，但考虑到企业在一个高度竞争的市场环境中发展，就不可能从事大量的非利润最大化活动。如果管理者执意这么做，那么企业可能就无法在市场中存活。针对 Manne 的言论，Berle 表示《国富论》提出的自由市场理论早已不再适用于现代企业，全世界几乎不存在一个国家的经济、一个行业的发展、一个企业的经营完全脱离计划经济的控制。Manne 和 Berle 争论的焦点逐渐演变成以古典自由市场理论为基础的传统企业理论与现代企业理论之争，并拥有各自的支持者。

20 世纪 70 年代，企业社会责任发展进入低谷期。新古典经济学家、诺贝尔经济学奖获得者 Friedman 作为 20 世纪 70 年代最具代表性和影响力的企业社会责任思想的批判者，支持 Manne 的观点，认为“企业的社会责任就是在道德和法律允许的前提下，尽可能地挣更多的钱，为公司股东负责”。这在当时的学术界获得了广泛支持，芝加哥学派还在此基础上形成了企业代理理论，并将企业社会责任划分为非生产性活动，认为企业不履行社会责任可以有效地避免代理人或管理者将企业资源用于非生产性活动中，进而确保企业实现经济利润最大化和效率最大化（Fama，1980）。之后，很多企业根据芝加哥学派的理论学说修改了企业的管理构架。到 1979 年和 1980 年撒切尔和里根时期，Friedman 作为两位领导人的经济顾问，其思想得到了更多的社会认可。很多企业将利润最大化作为唯一责任，有些大企业如通用电气甚至公开宣称“大部分情况下，企业对社会不具有其他责任”。彼时，社会责任实践中掀起了反社会责任运动，形成了开明的利己主义思想，企业社会责任发展进入低谷期。

20世纪80年代，企业社会责任的研究领域出现了研究企业社会责任与企业社会绩效的热潮。自20世纪70年代后期以来，学者们试图将社会利益和企业经济利益结合起来，Carroll（1979）在《管理学评论》上发表《企业社会绩效的三维概念模型》一文，提出了企业社会责任、社会问题管理和企业社会回应三个部分构成企业社会绩效的三维空间思想，并表示企业的经济和社会目标是相容的，企业社会责任应包括经济、法律、伦理和慈善四个方面的内容，只是每种责任的分量和履行的先后次序不同。他将这称为“金字塔结构”，经济责任是基础，法律责任、伦理责任和慈善责任依次向上递减（见图2.1）。尽管Carroll（1979）对企业社会责任进行了较为明确清晰的定义，提供了企业社会绩效的基本框架，但没有深入讨论它们之间的相互作用关系。

此后，学者们开始大量研究企业社会责任与社会绩效之间的关系。例如，Wartick和Corhran（1985）拓展研究了Carroll（1979）的模型，认为企业社会绩效可以使企业社会责任、社会问题管理和企业社会回应紧密地融合在一起，并提供了衡量企业与社会关系的标准。Spicer（1978）在FAMA关于有效市场理论假设的基础上，验证了企业社会绩效与财务绩效存在正相关关系。随着卡罗尔社会责任金字塔、社会契约等理论的不断丰富和完善，以及很多关于企业社会责任与绩效关系的研究验证了两者之间的正向关系，企业社会责任的社会认可度逐步提升，得到进一步发展（肖红军、张哲，2017）。

20世纪90年代，利益相关者理论开始被应用于企业社会责任研究领域，进一步扩展了企业社会责任的内涵。例如，1995年，Clarkson将利益相关者与企业社会责任结合起来，区分了社会问题和利益相关者问

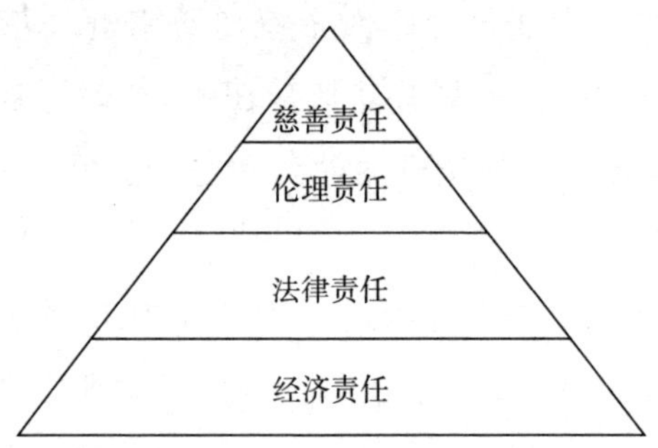

图 2.1　企业社会责任金字塔模型

题，并从制度、组织和个人层面测量、评价企业社会绩效和管理者的社会绩效。Fineman 和 Clarke（1996）指出企业正式战略中企业对内部利益相关者的分析包含了企业要对员工负责的内容，关于对外部利益相关者的分析则包含了企业要对自然环境负责的内容。Rowley（1997）基于社会网络理论，运用社会责任模型预测了企业对利益相关者的影响。

与此同时，1990 年金融危机爆发后，政府加强管制，企业社会责任的思潮具体化为立法运动。1983 年美国宾夕法尼亚州率先立法，要求企业决策层考虑股东外其他利益相关者的利益。至 1989 年，全美共有 25 个州出台了类似的法律。世界各国也纷纷成立了大量有关企业社会责任的 NGO 或社会组织，企业社会责任迎来了发展的春天。Kinderman（2013）对欧盟国家中企业社会责任组织的数量进行了统计，发现自 1994 年开始企业社会责任组织的数量规模出现了急速增长，组织中企业成员的数量也不断增加。

到了 21 世纪，伴随着中东危机、全球变暖、全球金融危机等经济社会发展环境的恶化，很多企业开始降低社会责任预算。Zaharia 等（2011）对全球企业社会责任发展较快的 8 个国家进行数据分析发现，2008 年金融危机爆发后，产业的社会责任绩效由 2001 年略高于 0 的水平下降至 2009 年的 -18，社会对企业社会责任的预期值由 2001 年的 45 缓慢增加至 2009 年的 51。企业社会责任绩效与大众预期的差距加大，表明企业社会责任异化现象更加泛滥，部分企业甚至声称将暂停社会责任活动（Ellis and Bastin，2011）。Fleming（2012）则表示“企业社会责任从未开始”。

综观企业社会责任理论的发展历程，企业社会责任思想自提出之日起就饱受争议。在整个发展过程中，企业社会责任的内容得到了不断的拓展和深化，对企业社会责任的研究和讨论的重点也已经从企业是否应该履行社会责任转向企业如何履行社会责任，及其对绩效的影响作用上，这也正是本书的研究重点。

（二）契约理论

企业是由一系列的契约组成，包括企业与员工、股东、消费者、政府、供应商等签订的契约，既有明文规定的合同，又有暗地里的约定。契约的签订可以有效规范和约束契约双方的行为，更好地保障双方的利益。

契约理论是在一定程度上简化交易过程，通过提出一系列的假定条件，建立模型来研究不同合同人在特定交易环境下的经济行为与结果。实际上，由于现实交易的复杂性和不确定性，统一的模型很难解释所有的市场交易行为，据此衍生出侧重点不同的契约理论学派。根据 Brousseau 和 Glachant（2002）的观点，契约理论主要分为激励理论（Incentive Theory）、不完全契约理论（Incomplete Contract Theory）和新制度交易成本理论（The New Institutional Transaction Costs Theory）。

Williamson（1991，2002）指出，契约的经济学研究方法主要包括产权理论、公共选择、交易成本理论和代理理论，并认为激励理论是基于委托代理理论（完全契约理论）发展起来的。然而，Hart（1991，1995）考虑到以下三个因素：一是人们无法准确地预知未来会发生什么事情；二是即使人们能够预测到或然事件，也很难找到具体语言在契约中加以清晰地描述出来；三是即使双方能找到具体语言在契约中表达出来，在契约出现纠纷时，外部权威部门也很难对双方的实际情况加以证实。加上代理理论的道德风险和逆向选择问题，他表示完全契约将出现偏离，成为次优状态。经济学家们在 Hart 思想的基础上，提出了不完全契约理论。交易成本理论的学者则认为不完全契约理论实质上讨论的是产权问题，存在“挂羊头卖狗肉”的情况，不能很好地解释企业在支付共有知识以及讨价还价过程中无成本的假设，应强调企业在签订契约或获取市场信息时付出的代价和成本。

美国管理学家 Donaldson 和 Dunfee（1994，1995）将企业与利益相关者之间的所有契约形式统称为综合性社会契约，并表示企业是社会系统中不可分割的一部分，是利益相关者显性契约和隐性契约的载体。这一系列的契约要求企业必须对利益相关者的要求做出反应，如果企业忽视了利益相关者的利益诉求，那么企业的生存和发展将受到限制，甚至不复存在。

契约理论从契约的多样性、契约双方的利益相关性、不完备性、交易成本等方面指出，企业与企业的各个相关者之间都有或明或暗的合同或约定，这些约定也都具有它们的不完备性和交易成本，企业只有很好地履行与这些相关者的契约，即履行社会责任，才能更好地发展。它强调了企业履行社会责任的必要性，即企业承担社会责任是为了更好地履行与各相关者的契约。

综上，基于契约理论对企业社会责任进行解读，有助于更好地理解企业为什么要履行社会责任。

（三）利益相关者理论

利益相关者理论产生于 20 世纪 60 年代，发展于 80 年代以后，它颠覆了“股东至上论”。1963 年，斯坦福大学研究所表示组织是依靠利益相关者的支持而存在的，这一观点为利益相关者理论的构建奠定了基础。但它的定义是不全面的，仅考虑了利益相关者对组织单方面的影响，而忽略了组织对利益相关者的影响作用。Eric Rhenman 在此基础上，提出了更为全面的定义，认为“利益相关者与企业是相互依存的，利益相关者依靠企业实现个人目标的同时，企业也依靠利益相关者来生存和发展”。这一定义使利益相关者发展成为一个独立的理论分支。

此后，学者们从不同的角度对利益相关者进行解读，相关定义多达30种。其中，最具有代表性和最被广为接受的是弗里曼的观点，他将利益相关者定义为“无论是组织内部或外部，任何能影响组织实现目标，并受组织实现目标过程影响的个人或群体”，并于1984年出版《战略管理：利益相关者管理的分析方法》一书，其中明确地提出了利益相关者管理理论。该理论与传统的股东至上主义不同，强调企业不应只考虑股东的利益，还应考虑到其他利益相关者的利益诉求，企业的经营管理者需综合各个利益相关者的利益要求进行管理活动。Margaret M. Blair（1998）进一步深化利益相关者概念，表示利益相关者是所有向企业提供专用性资产，并由此承担剩余风险的人或集团，而这些人或集团有权享有相应的剩余价值索取权和控制权。尽管利益相关者理论与企业社会责任之前一直在各自研究领域中发展，但它们强调的本质相同，即企业不仅需要顾及股东的利益，还需考虑其他个人或组织的诉求。Wood（1991）率先将利益相关者理论与企业社会责任结合起来，之后利益相关者理论被广泛应用在企业社会责任研究中。

综上所述，利益相关者理论表明企业是所有利益相关者创造价值的载体，包括员工、供应商、消费者、投资者、债权人、社区、政府和环境等，且利益相关者作为企业专用性资产的投入者有权享有相应的剩余所有权和控制权。基于利益相关者理论对企业社会责任进行解读，有助于明确企业承担社会责任的对象，进一步完善企业社会责任的定义和内涵。

总而言之，梳理企业社会责任理论的相关文献，有助于整体把握企业社会责任的思想，对契约理论和利益相关者理论的文献回顾则有助于更好地理解企业履行社会责任的必要性和对象。

二　企业社会责任的影响因素

大量学者就企业社会责任的影响因素展开研究，并得到了丰富的研究成果。总体而言，企业社会责任的影响因素主要包括三个层面：宏观政策层面、企业微观层面和其他利益相关者层面。

（一）宏观政策层面的影响因素分析

宏观政策层面的影响因素可以分为正式制度（立法、制度背景、国家治理结构等）和非正式制度（传统文化、宗教等）。

1. 正式制度方面

Li 等（2010）通过对比巴西、俄罗斯、中国、印度等新兴经济体的企业社会责任，发现国家治理环境是企业社会责任的重要影响因素，在规制导向的国家治理体制下企业社会责任表现得更好。周中胜等（2012）以 2009 ~ 2010 年披露企业社会责任报告的中国上市企业为研究样本，考察了制度环境中政府对经济的干预程度、法律环境的完善程度以及要素市场的发育程度等对中国企业社会责任履行情况的影响。肖红军（2014）以在中国大陆投资的跨国公司为研究对象，发现经济制度距离与文化制度距离对跨国公司在东道国的社会责任表现具有消极影响，且当母国的法律制度质量显著异于东道国时，法律制度距离对跨国公司在东道国的社会责任表现具有积极影响。

2. 非正式制度方面

Matten 等（2008）发现国家的政治文化不同，企业社会责任的表现也将不同。Campbell 等（2012）采用 1990 ~ 2007 年在美国投资的外资银行分支机构数据进行研究，发现政治、法律法规等正式制度以及传统文化、宗教信仰等非正式制度均会影响企业社会责任的履行。Barin Cruz，L. 等（2015）以 195 家巴西出口企业为研究样本，发现企业创新能力、国际市场的曝光度以及制度压力均会显著影响企业产品的社会责任水平。Jonathan P. Doh 等（2015）从社会、制度和组织的视角分析企业社会责任的影响因素。

（二）企业微观层面的影响因素分析

一些学者研究了企业规模、股权性质、治理结构、企业文化以及盈利状况等因素与企业社会责任的关系。例如，Lee 和 Bannon（1997）、张兆国等（2013）研究发现企业经营状况是决定企业社会责任水平的重要因素。Lepoutre 和 Heene（2006）研究了企业规模对小企业履行社会责任的影响，认为小企业的规模确实限制了企业履行社会责任，但应根据若干条件加以细微区分。黄群慧等（2009）通过对中国 100 强企业社会责任发展状况进行评价，发现中央企业和国有金融企业的社会责任指数远远领先于民营企业、其他国有企业和外资企业，且企业规模与社会责任指数成正比。梁建等（2010）认为完整的公司治理结构对民营企业的慈善捐赠行为具有显著的正向影响。杨忠智和乔印虎（2012）从企业规模、资本结构、盈利能力、产权性质和股权结构等企业微观特征方面，对影响企业社会责任履行的因素进行了分析，发现垄断程度较高的行业履行社会责任要好于竞争程度较高的行业，但行业竞争属性不同的公司特征对社会责任履行程度的影响也是有差异的。靳小翠（2017）以中国 2007 ~ 2014 年沪市 A 股非金融类上市公司为研究样本，考察了企业文化对企业社会责任的影响。研究发现，企业文化会促使企业承担社会责任，这种影响在非国有企业中更为显著；企业经营状况恶化时，良好的企业文化会指导和约束企业继续承担社会责任，但如果企业经营状况持续恶化至发生亏损，企业文化将不能再指导和约束企业履行社会责任。

（三）其他利益相关者层面的影响因素分析

除宏观政策和企业微观层面的因素之外，其他利益相关者同样会影响企业社会责任的履行，包括管理者、消费者、投资者、供应商、媒体等。

就管理者而言，Baneijee（2001）分析了企业管理层的环保理念对环境保护的影响。贾明和张喆（2010）表示企业管理者的政治背景与企业社会责任呈正相关关系，这一研究结论得到 Hongh 和 Hartog（2008）、李四海（2010）等学者的支持。陈丽蓉等（2015）则将高管变更分为非常规变更和常规变更，考察不同情况下高管变更对企业履行社会责任的影响，认为当期非常规高管变更将降低当期国有企业的社会责任水平，而当期两类高管变更对国有企业的当期社会责任水平均会产生负向的影响作用。张雯和王新安（2017）基于 317 份问卷调查数据，探讨了高管胜任力与企业社会责任的关系。文雯和宋建波（2017）则考察了高管海外背景对企业社会责任的影响。

一些学者则分别考察了消费者、投资者、供应商和媒体等其他利益相关者与企业社会责任的关系。例如，Kim Junghyun 等（2010）通过对 280 名大学生进行问卷调查发现，企业形象和个体的感知意识将影响企业履行社会责任的效果。徐莉萍等（2011）以我国上市公司在汶川地震捐赠中的表现为分析对象，考察了媒体关注对上市公司捐赠行为的影响。研究发现，媒体关注对上市公司的捐赠行为有显著的正向影响，考虑到公关、广告、声誉等经济动机，这种影响在非国有产权控股以及产品直接与消费者接触的上市公司中表现得更加显著。贾兴平和刘益（2014）以 2011 ~2013 年中国制造业上市企业为样本，发现社会的舆论压力会促使企业履行社会责任，而市场中的竞争强度与企业履行社会责任之间呈倒 U 形关系。黄伟和陈钊（2015）基于中国 12 个城市 1268 家企业的调查数据，将核心变量“客户_ FDI”和“供应商_ FDI”分别表示为企业的客户或供应商中有无外资企业，有则赋值为 1，否则为 0，从全球供应链的视角分析了外资进入对企业社会责任的影响，结果发现仅当企业是外资企业的供应商时，外资企业对企业承担社会责任有显著的促进作用，且当外资企业是跨国企业而非中小型企业或主要客户时，外资企业对企业社会责任履行状况的改善作用更大。

三 企业履行社会责任过程中不同行为决策

不同企业在履行社会责任过程中表现出的行为特征存在显著的差异性。除积极参与社会责任活动之外，企业还存在社会责任缺失、伪善和工具性社会责任等行为。本书将针对企业社会责任缺失、伪善和工具性社会责任的相关研究做进一步梳理。

（一）企业社会责任缺失的相关研究

Lin-Hi，N. 和 Müller，K.（2013）表示关于企业社会责任缺失的相关研究相对较少，在 ProQuest ABI/INFORM、EBSCO Business Source Premier 和 JSTOR 数据库中以“CSI”“CSIR”“Corporate Social Irresponsibility”“Corporate Irresponsibility”“Corporat * Social Irresp *”“Corporate * Irresp *”为题目、关键词和摘要进行检索，从 1962 年至 2012 年只搜索到 22 篇文献，已有文献主要讨论了企业社会责任缺失的定义、原因、影响效应和改善对策。

Armstrong（1997）是较早关注企业社会责任缺失问题的学者之一，他将企业社会责任缺失定义为“没有考虑对不同利益相关者影响的次优决策”，即以牺牲社会总体利益为代价获取个体利益的企业行为，并把它分为两类：非法的且不道德或不可持续的行为，以及合法的但不道德或不可持续的行为。此后，学者们分别采用定义式和列举式的方法，对企业社会责任缺失的概念进行界定（Sarre，R.，2001；Brammer and Pavelin，2005；Jones，et al.，2009；Ireland，2010；Riera，M. and Iborra，M.，2017）。

姜丽群（2014）对企业社会责任缺失的国外现有文献进行了综述，指出企业社会责任缺失行为可以分为行业行为、故意行为和无意行为。其中，行业行为是指企业所属行业具有先天对社会不负责任的性质，属于社会争议行业。故意行为是指企业为了获利而主动采取的不负责任行为。无意行为则指不是由企业主观意愿引发，却对利益相关者造成损害的行为（Lin-Hi，N. and Müller，K.，2013）。同时，他表示企业社会责任缺失行为的成因包括环境（Baucus and Near，1991）、组织（Balch and Armstrong，2010）和员工（Boulouta，2013）三个层面。然而，国内学者易开刚（2011）追溯企业社会责任缺失的原因，发现其根源在于企业的短视行为与治理机制的缺乏。

在影响效应方面，主要包括对企业价值的影响、对企业声誉和品牌价值的影响、对利益相关者的影响（姜丽群，2014；Price and Sun，2017）。Frooman（1997）运用元分析法对27个企业社会责任缺失案例进行分析，发现涉事企业的股东遭受严重的财富损失。Carter（2000）、Hill等（2009）则表示企业社会责任缺失行为将引发一系列的社会问题，造成社会不稳定。万寿义和刘非菲（2015）考察了企业社会责任缺失带来的经济后果，发现社会责任缺失行为会降低企业的盈余质量和财务绩效，提高资本成本。应佩佩和刘斌（2016）考虑在企业社会责任缺失情形下，双渠道供应链的最优定价和制造商的CSI策略选择问题。Kölbel等（2017）检验了企业社会责任缺失与财务风险的关系。李茜等（2018）采用1998~2015年3773家全球上市公司的相关数据为研究数据，分别探讨了企业两类社会行为对财务绩效的影响，研究表明企业社会责任对财务绩效呈倒U形影响，而企业社会责任缺失行为对财务绩效呈U形影响。

就企业社会责任缺失问题的解决对策而言，已有研究分别从企业内部和外部层面提出了相应的解决方案。如易开刚（2011）表示企业社会责任缺失行为是企业多重价值博弈的结果，亟须借助企业内外部的力量进行治理，如法律强制、行政干预、社会监督、责任认证、企业内部治理和教育等。Punit Arora 和 Ravi Dharwadkar（2011）表示有效的公司治理结构可以减少企业不负责任行为（如扰乱社会规则等），但具体效果取决于对公司业绩的满意程度以及懈怠和成就的差异程度。李金华和黄光于（2016）在吸收国际供应链社会责任治理经验的基础上，提出一套供应链社会责任的整合治理模式，该模式的监督机制和评估机制通过对供应链企业施加压力来督促其履行社会责任，协助机制和激励机制则可以增强企业履行社会责任的动力。

综上，关于企业社会责任缺失的研究文献相对较少，主要侧重于采用定性分析的方法，讨论企业社会责任缺失的概念界定、动因、影响效应和改善方案等，缺乏全面系统的研究，无法深入了解企业在履行社会责任过程中采取缺失行为时所涉及的博弈问题和决策过程，且没有详细阐述相应的改善对策及实施效果。

（二）企业伪善的相关研究

社会心理学者 Batson 较早提出了个人道德伪善的问题，之后西方学者发现伪善行为不仅针对个人，它也适用于企业（Hamilton and Sherman，1996）。相较于个人伪善研究，企业伪善研究才刚起步，只有 10 来年的历史，主要集中于厘清企业伪善的概念、行为分类和动因，较少关注企业伪善可能带来的影响效应、伪善行为治理等问题（樊帅等，2014）。

在概念界定方面，Wagner 等（2009）基于社会责任视角，将企业伪善定义为企业实际履行的社会责任与其社会责任理念或承诺相违背。肖红军等（2013）分别从动机层面和言行分离层面来界定企业伪社会责任。从动机层面来看，伪社会责任是指企业并非出于真实对社会负责的动机而在表面上表现出“对社会负责”的表象；从言行分离层面来看，伪社会责任是指企业在公众面前宣称甚至鼓励别人对社会负责任，但私底下没有采取社会责任行动甚至违背社会责任的行为。樊帅等（2014）对关于企业伪善的已有文献进行了比较系统的梳理，指出战略管理研究者视企业伪善为现代企业与不同利益相关者沟通的必要手段，消费者行为研究者则认为企业伪善是一种欺骗或隐瞒行为，并表示驱动企业采取伪善行为的不同因素可以归纳为利益相关者、经济、组织和沟通四个方面。

在影响效应方面，现有文献主要集中于考察其对消费者的影响，较少探究对其他利益相关者产生的影响（樊帅等，2014）。L. T. Christensen 等（2013）认为即使企业辜负公众的期望，没有实现当时它们的承诺，也未必是一件坏事，企业伪善可以作为一次慷慨激昂的演讲，激发其他企业履行社会责任的潜力。肖红军等（2013）则指出企业伪社会责任可能产生四个方面的危害，即损害企业的可持续竞争力、导致市场的逆向选择、造成整体社会福利损失和威胁社会责任运动发展。童泽林等（2016）研究表明品牌与慈善行为的地域不一致信息会让消费者产生伪善感知。Arli，D. 等（2017）以澳大利亚的 518 名受访者为研究对象，探讨了企业伪善对消费者态度的影响。

目前，企业在社会责任实践中发生的伪善行为，除了受到社会公众和媒体舆论的谴责外，似乎还没有更为有效的手段可加以治理（樊帅等，2014；高英，2017）。肖红军等（2013）分别从内部治理和外部治理两个视角提出了压力治理、机会治理、借口治理和曝光治理的改善对策。程雁蓉和胡欢（2014）从三个方面提出治理办法，包括构建立法与政府管制机制、非政府与媒体监督机制和消费者有效参与机制。高英（2017）从消费者惩罚的视角，探讨了企业伪善行为的治理问题。

综上，现有的企业伪善研究更多地关注企业伪善是什么（Fassion，2005）和为什么（Pham and Muthukrishnan，2002）的问题，很少关注发生伪善行为后带来的影响（Fassin and Buelens，2011），以及治理问题（樊帅等，2014）。

（三）工具性社会责任的相关研究

工具性社会责任是指企业履行社会责任是基于自身利益来考量，即"工具性"地利用社会责任来实现某些目的（Baron，2001；Campbell，et al.，2002；Dam，et al.，2009；潘越等，2017）。

目前，大量的经验研究证实了工具性社会责任的存在。Suchman（1995）认为企业考虑到社会的规范和期望是获得经营合法性的关键，进而履行社会责任。Doh 和 Guay（2006）、Matten 和 Moon（2008）认为企业履行社会责任是为了获取经营合法性和制度的压力。Kathy Babiak 和 Sylvia Trendafi Lova（2011）认为战略和合法性才是企业履行社会责任的真正原因。高勇强等（2012）基于 2008 年全国民营企业调查数据，分析了我国民营企业慈善捐赠的动机，发现民营企业的慈善捐赠更多的是"工具性"的，即民营企业一方面利用慈善捐赠来实施产品差异化战略，另一方面利用慈善捐赠来掩盖或转移外界对员工薪酬福利水平低、企业环境影响大等问题的关注，以及应对企业工会组织的可能压力。部分学者则表示企业履行社会责任是竞争与合作的结果，可以塑造更好的声誉和品牌形象（Porter and Kramer，2006；Minor and Morgan，2011；Wu，M. W. and Shen，C. H.，2013）。权小锋等（2015）认为企业利用社会责任作为隐瞒坏消息以及转移股东审查的工具，恶化信息透明度，加剧了股价崩盘风险。

一些学者则表示企业履行社会责任同时受工具动机和利他动机的驱动（Gan，2006；Bronn and Cohen，2008）。例如，Ganga S. Dhanesh（2015）以印度企业为样本，认为道德和战略共同促使企业从事社会责任活动。Johan Graafland 等（2012）、Lee 和 Seo（2017）分别从企业内在因素（如道德、利他等）和外在因素（如经济、战略等）考虑企业履行社会责任的动机。

然而，较少学者深入探讨内外部环境对工具性社会责任的影响。眭文娟等（2016）采用全国私营企业调查数据实证揭示了隐藏在企业义举背后的经济诉求，并指出私营企业的慈善捐赠是一种"寓利于义"的工具性行为，且组织可见性的提升、市场机制的发展和完善可以抑制企业的工具性社会责任行为。李增福等（2016）基于 2007～2013 年中国 A 股民营上市企业的数据进行研究，发现民营企业存在"明里捐赠，暗里避税"的工具性社会责任现象，且在法治环境好的地区和具有政治关联的民营企业中，慈善捐赠的避税效应更强。

第二节 经营绩效

一 经营绩效的影响因素

本书将企业经营绩效的影响因素归纳为企业外部因素和内部因素两方面，外部因素主要有制度环境、供应商、行业结构、市场竞争程度和社会关系网络等，内部因素则包括管理者特征、企业文化、信息处理能力、对外投资模式、资源配置集中度和股权性质等。

（一）企业外部因素

就企业外部因素而言，考察制度环境对经营绩效的影响已成为研究热点。Batjargal（2010）以网络软件企业为研究样本，考虑了东道国的制度环境对企业经营绩效的影响。Liu，Y. X.（2011）分析了税收政策对中国对外投资企业绩效的影响。甄红线等（2015）认为我国外部制度环境的改善有助于促进国有上市企业经营绩效的增长。黄世政（2015）以1989～2012年我国台湾新竹科学园区六大产业为研究样本，发现政府研发投入的提高能促进企业经营绩效的增长。李从刚等（2017）则考察了股权结构和制度环境对经营绩效的影响作用。

除此之外，还有供应商、行业结构、市场竞争程度和社会关系网络等因素会影响企业的经营绩效。Vachon 和 Klassen（2008）对北美制造企业进行调查，发现供应链企业与上游供应商的环境协作将影响企业运作绩效，且与上游供应商的绿色环保协作更容易获取收益。吴昊旻等（2012）基于“竞争结构—风险预期—回报波动”关联视角进行分析，发现我国上市公司股票特质性风险呈现显著增加的趋势，且相对集中的行业结构与显著的市场实力能够有效弱化公司股票特质性风险而稳定公司回报。Lee，J. W. 等（2012）基于三家跨国企业（一家总部设在美国的企业、一家欧洲企业和一家韩国企业）的经验，分析社会关系网络对企业绩效的影响。Lew 等（2013）则认为国际关系网络是高新技术企业在国际化进程中获取战略性资源的重要途径，研究发现在国际关系网络中建立的信任机制有助于提高企业的探索开发能力，进而显著提高经营绩效。

（二）企业内部因素

有不少学者先后探讨了管理者所具有的不同特征对经营绩效的影响。管理者的政治背景将提高企业经营绩效（Faccio，2006；Goldman，2009）。张燕和章振（2012）以制药和电信企业的 146 个团队为研究对象，采用验证性因子分析、相关分析和多重线性回归分析等方法进行假设检验，发现性别多样性对团队绩效和创造力有正向的影响作用。唐松和孙峥（2014）以 2001 ~2011 年非金融 A 股上市企业为考察对象，旨在研究不同产权性质的企业中政治关联对高管薪酬的影响，以及这种影响对企业未来经营绩效的作用。回归结果发现，就国有企业而言，由政治关联导致的高管超额薪酬将显著抑制企业未来的经营绩效。而在非国有企业中，由政治关联导致的高管超额薪酬将显著提高企业未来的经营绩效。刘凤朝等（2017）以 2005 ~2012 年中国 A 股上市的计算机、通信和其他电子设备制造业公司为研究对象，在考察高管团队海外背景比例特征的基础上，同时关注具有海外背景的高管与本土高管的年龄差异、性别差异、任期差异及教育水平差异对企业创新绩效的影响。

除管理者的特征之外，还考察了企业的信息处理能力、对外投资模式、资源配置集中度和股权性质等因素对经营绩效的影响。Beni Lauterbach 等（1999）认为企业的信息管理能力是影响经营绩效的重要因素之一。Woodcock 等（1994）、Delios 和 Beamish（2001）、Chen 和 Hu（2002）分别研究了企业对外投资模式对经营绩效的影响。刘志雄和张其仔（2009）指出文化是企业的竞争优势之一，文化强势的企业往往具有更好的经营绩效。张会丽和吴有红（2011）则考察了企业集团财务资源配置的集中程度对经营绩效的影响，发现过度集中或过度分散的财务资源配置均将损害企业经营绩效。Rafiei 和 Far（2014）以伊朗非金融类上市企业为考察对象，发现国有股权与经营绩效之间存在正相关关系。

二 企业履行社会责任对经营绩效的影响作用

目前，企业履行社会责任对经营绩效的影响研究成为社会责任领域关注的热点，获得了较为丰富的研究成果，但尚未得到一致的研究结论。关于两者关系的研究成果可以归纳为以下四种：正相关、负相关、不相关和非线性关系。

（一）正相关

较早就企业社会责任与经营绩效关系进行实证研究，并发现两者之间具有显著正相关的研究有 Bragdon 和 Marlin（1972）、Moskowitz（1972）等。Bragdon 和 Marlin（1972）研究了纸浆业企业的净资产收益率（ROE）与环境污染之间的关系，发现重视环境保护的企业财务绩效更高。Moskowitz（1972）首次创建了企业社会责任指数，检验发现社会责任履行得更好的企业，其股票在资本市场上更容易获得显著性超额回报。

自 20 世纪 80 年代以来，学者们从不同角度进行研究，发现企业社会责任与经营绩效之间存在显著的正向关系（Ruf，2001；Bird，R.，et al.，2007；Lubin and Esty，2010；Semenova，N.，et al.，2010；Schadewitz，H. and Niskala，M.，2010；Guenster，N.，et al.，2011；苏冬蔚、贺星星，2011；Brower，J. and Mahajan，V.，2013）。例如，Hong，S. 等（2010）利用美国东北部 588 名私立大学生的问卷调查，运用完全信息最大似然法进行估计，发现积极履行社会责任的企业更容易获得消费者的认可，能提高市场占有率，从而增加企业的经营绩效。Vong，F. 和 Wong，I. A.（2013）将社会责任分为五个维度，对博彩行业的社会责任与企业收益之间的关系进行了研究，发现社会责任对企业收益和市场份额有显著的促进作用，并解释了企业承担社会责任的原因。Blanco，B. 和 Guiral，A.（2013）研究发现企业社会责任以创新为媒介来增加企业在金融市场的价值表现。Doni，N. 和 Ricchiuti，G.（2013）表明履行社会责任可以增加整个社会福利，企业较竞争对手承担更多的社会责任可以相对提高企业的竞争优势。Brian T. Engelland（2014）也表明促使企业可持续发展的有效措施是履行社会责任。于洪彦、黄晓治和曹鑫（2015）利用中国上市企业二手数据进行研究，发现企业履行社会责任对企业发展有正向的促进作用。

（二）负相关

一些研究则表明企业社会责任与经营绩效之间存在显著的负向关系（Marsat，S. and Williams，B.，2010；Kang，K. H. and Lee，S.，2011）。例如，Vance（1975）利用样本对照的方法进行研究，发现承担更多社会责任的企业市场表现低于比照组，表明社会责任与企业收益呈负相关。Alexande 和 Buchholz（1978）采用 Moskowitz（1972）的企业社会责任指数来衡量企业社会责任的履行情况，发现企业履行社会责任将降低企业的股票回报。Freedman 和 Jaggi（1982）表示企业承担社会责任将增加成本，在与那些不承担或少承担社会责任的企业竞争时处于劣势。李正（2006）研究表明履行社会责任会降低企业当期收益。Brammer 和 Pavelin（2006）使用 EIRIS 数据作为企业社会责任的衡量指标，研究发现履行社会责任最差的企业，其股票回报率最高，且履行环境保护方面的社会责任对股票回报率的负面影响最大，履行社区服务方面的社会责任带来的负面影响最小。Freeman（2010）表示消费者并不愿意支付更高的价格来购买履行社会责任的企业产品。Bruyaka，O.（2013）表明社会责任沟通、宣传的差异导致规模不同的企业履行社会责任时获得的收益不同，规模较小的企业履行社会责任将增加经营成本，降低企业收益。

（三）不相关

除正相关和负相关之外，部分研究得出企业社会责任与经营绩效之间没有显著相关性（Dowell，G.，et al.，2000）。Folger 和 Nutt（1975）率先得到企业社会责任与经营绩效无关的结论。McWilliams 和 Siegel（2000）开始没有控制企业研发强度这一变量，得出企业社会责任与经营绩效之间存在显著相关性的结论，之后考虑到企业研发强度是影响经营绩效的重要变量，将它纳入模型加以控制，发现企业履行社会责任对经营绩效的影响是中性的。Subroto 和 Hadi（2003）以印度尼西亚企业为研究样本，也发现社会责任与经营绩效之间不相关。石军伟等（2009）运用 151 家中国企业的调查数据进行实证检验，发现企业社会责任与经济绩效之间不存在相关性。Rubin（2010）研究表明机构持有人的收益与企业社会责任没有显著的相关性。辛杰（2014）通过对 587 位企业家进行问卷调查发现，企业社会责任与财务价值创造无关。

（四）非线性关系

一些研究则认为，企业社会责任与经营绩效之间并非简单的正相关或负相关，而是比较复杂的非线性关系。例如，Wang 等（2008）以 817 家美国标准普尔上市公司为研究样本，分析发现企业慈善行为与财务绩效之间存在倒 U 形关系，即当企业进行的慈善活动超过一定范围后，慈善活动带来的成本增加将大于其带来的绩效增加。温素彬和方苑（2008）以 2003～2007 年 46 家中国上市公司为研究样本，发现在短期内企业履行社会责任将降低经营绩效，但从长期来看，企业履行社会责任能带来销售额与市场份额的提高、企业成本的降低，从而促使企业长期绩效增加。Flammer（2013）的实证分析表明企业社会责任对经营绩效的影响受非正式制度的调节。张萃伍和双霞（2017）基于 2008～2014 年中国上交所与深交所的上市公司数据进行分析，发现承担环境责任对中国企业绩效的影响作用呈倒 U 形。

总体而言，关于企业履行社会责任对经营绩效影响的研究文献有很多，主要侧重于考察影响的客观表现，尚未得到一致的研究结论，缺乏对企业社会责任与经营绩效之间“黑箱”的深入讨论。

第三节　政治关联

在关系网络极其复杂和密集的中国，关系往往被视为契约的基础（Spencer，et al.，2005），作为保障商业贸易顺利进行的另一种手段（杨其静，2011）。与政府的关系成为企业各种关系中最为重要的一个。

上海证券交易所研究中心 2006 年的调查报告指出：中央部委所属企业控股的上市企业中，有 60% 的董事长具有行政级别；中央直属企业控股的上市企业中，有 50% 的董事长和总经理具有行政级别；在地方上市企业中，也有很大一部分企业的董事长和总经理具有行政级别。2011 年 11 月的全国工商联第十五次委员会的委员名单中，有超过 60% 的委员来自民营企业。可见，在当前中国市场，政治关联现象极为普遍。

本书将基于不同理论的视角对政治关联进行解读，并对政治关联的动因、政治关联与社会责任和经营绩效的相关文献进行回顾，以期为后续讨论政治关联对企业履行社会责任过程中不同行为决策的影响作用奠定理论基础。

一　政治关联的理论基础

（一）制度理论

制度是一套用于约束人们行为的框架或规则，包括正式制度和非正式制度。正式制度始于人们对社会问题的解决方法和规则，这种解决方案不断被大众认可，随之以正式的形式扩展成文并标准化（Tolbert and Zucker，1996），并对个人或组织的行为规范具有强制性的约束力，以确保社会的正常运行和稳定发展（Scott，1995），其中包括各种成文的法律、法规、政策、规章条例等。非正式制度则是指人们在长期的生活交往过程中形成的约定俗成的规矩或共同恪守的行为准则、意识形态等，往往由人们自发形成，且没有以任何正式的形式确定下来，包括文化、传统、风俗、习惯、行为惯例、道德观念等。相较于正式制度，非正式制度不具有强制性，但当它们长期存在并得到社会广泛认可后，能起到一定的约束和规范作用。

正式制度和非正式制度共同构成了完整的制度理论框架，两者相互依存、相互转化，是一个对立的统一体，并在约束和规范个人或组织的行为时起到相辅相成的作用。非正式制度是正式制度发展的源泉，并在正式制度不完善、缺失、不能很好地督促市场或契约有效运行的情况下，从道德、风俗、习惯等方面提供保障和支持，实现对正式制度的有益补充。Ingram 和 Silverman（2002）表示无论是正式制度还是非正式制度，均对企业发展模式和经营决策有重要的影响作用。

中国正处于经济转型阶段，正式制度难免存在缺陷，不能考虑到市场中出现的各种情况，且制度会随着经济转型发生变迁。在这样的政治文化背景下，正式制度发挥的作用相对有限，企业倾向于寻求非正式制度的保护以避免利益受到损害。政治关联作为一种社会关系形态，受道德观念、文化、风俗、习惯等多种意识形态的影响，可以理解为一种非正式制度（罗党论、唐清泉，2009；Qi，2010）。Faccio，M.（2006）表示在正式制度较为匮乏的地区，政治关联现象较明显。

综上，制度理论阐明了正式制度和非正式制度的相互转换关系和组成要素，并指出约定俗成的规矩或习惯可以作为正式制度的替代机制，发挥一定的约束和规范作用。基于制度理论的视角对政治关联进行解读，有助于更好地理解政治关联的内涵和本质。

（二）资源基础理论

资源基础理论可追溯到 1959 年，彭罗斯在《企业成长理论》一文中提出了企业资源的思想，形成了该理论的思想雏形。1984 年，Wernerfelt 在《企业的资源基础论》一文中，明确提出了资源基础理论的概念，并表示企业是有形资源和无形资源的集合体。此后，学者们将资源基础理论引入企业战略研究，被人们所熟知。

资源基础理论认为企业可以被看成各种资源的组合，它掌握的资源直接决定了其市场竞争力，并表示企业的竞争优势主要来源于特殊的异质资源和难以模仿、获取的稀缺资源。这些资源价值越高、越稀缺、越难以模仿，转化成的能力就越强，这样就越能使企业在市场中长期生存（Barney，1991；Peteraf，1993）。根据企业资源定义和理解的差异，资源基础理论可以分为三类：企业资源基础理论、能力基础理论、知识基础理论。企业资源基础理论认为企业是“资源的独特集合体”（Wernerfelt，1984），这里的资源是指财务资源、品牌资源、技术资源等。能力基础理论则强调企业是“能力的独特集合体”（Prahalad and Hamel，1990；Foss，1993，1996；Teece，2007），这里的能力是指技术能力、创新能力、销售能力、管理能力等。知识基础理论则将企业视为“知识的独特集合体”（Kogut and Zander，1992；Spender，1996），这里的知识是指企业长期积累的经验等。容易发现，无论是企业资源基础理论还是能力基础理论，抑或是知识基础理论，它们均认为企业要想长期发展下去，主要竞争力不是企业的具体某个产品或服务，而是企业产品和服务背后反映出的资源、能力或知识。

综上，资源基础理论指出企业是各种资源的组合，它掌握的资源直接决定了其市场地位和竞争力。孙立平（2002）和李健等（2012）表示与政府建立关系可以帮助企业获取这些资源，如垄断行业的准入权、稀缺资源的开采权、税收优惠等，此时政治关联俨然成为企业拥有的特殊关系资源。可见，资源基础理论可以从企业角度解释企业与政府建立政治关联的动因。

（三）寻租理论

寻租理论的思想最早萌芽于 Tullock 在 1967 年发表的《关于税、垄断和偷窃的福利成本》一文。它从理论上探讨了社会上寻租活动产生的根源，并认为完全竞争假设严重低估了偏离竞争所导致的社会福利损失，即税收、垄断和关税等政府干预行为所造成的实际社会福利损失远远大于基于完全竞争理论框架下的估算。原因在于，人们在不完全竞争的市场环境下，会通过贿赂、拉关系等非公平竞争手段来争取利益。

1974 年，Kreuger 在《寻租社会的政治经济学》一书中正式提出了寻租理论，并指出在以市场为导向的经济中，政府管制经济活动的现象非常普遍，而这些管制行为所导致的租金则成为人们竞争的对象，竞争手段也逐渐演变成诸如腐败、贿赂、黑市交易等寻租行为。公共选择学者布坎南对寻租理论进行了系统的分析和深化，将“寻租行为”和“寻利行为”进行了详细区分，并分别给出了定义：“寻租行为”是指在特定的制度背景下，如存在限制市场准入等，人们可以通过竞争来实现寻租，且这种寻租活动对他人并没有好处，会严重扰乱市场竞争秩序；“寻利行为”则是指在竞争充分的市场环境下，组织或个人对经济利益的正常追求，是市场正常运行的结果。“寻租行为”和“寻利行为”最主要的差别在于，寻利行为获得的超额回报会随着市场竞争程度的增加而消失，而企业通过寻租行为获得的“租金”，并不会随市场竞争程度的变化而变化，即只要制度环境（权力等）不变，租金就存在。这一个概念的界定明确了寻租活动产生的制度条件，即政府干预市场经济时，形成了某地区或某行业市场的准入限制，以及对市场竞争的限制。

贺卫（1999）在《寻租经济学》一书中，从创租的主观意愿角度将创租行为划分为三类：无意创租、被动创租和主动创租。无意创租是指政府出于良好的目标对市场经济活动进行干预，但结果为寻租活动创造了条件；被动创租是指之前与政府存在寻租行为的组织，为了保障自己的利益，竭力反对政策变更，从而导致政府不得不维持当前状态；主动创租则是指政府出于自身利益考虑，有意设租。

综上，寻租理论指出政府的一些干预经济行为、处置垄断资源的权利、转型经济的背景和法律制度体系的不完善等使得企业存在寻租的动机、条件和空间。李增福等（2016）表示政治关联的建立可以帮助企业完成寻租，获取稀缺资源等，此时政治关联成为企业向政府寻租的工具。可见，寻租理论从企业角度解释了企业与政府建立政治关联的另一动因。

（四）政府干预理论

什么是政府干预？从理论上来说，只要是对经济主体的行为产生影响的政府行为就属于政府干预。政府干预的研究可以追溯到古典经济学之前的重商主义，然而政府干预理论的长足发展需归功于二战后的凯恩斯主义，该学派建立了一套以政府干预经济为原则的宏观政策和经济理论。

在经济人假说的指导下，以 Smith 为代表的古典经济学派主张市场参与者应基于自身利益最大化原则，自主做出经济决策，这样有助于促进市场中社会资源和生产要素的自由流动。Smith 并不否认政府在经济活动中的干预职能，但仍认为政府应主要担任守夜人的角色，对于经济收益大于成本的活动，需交由市场自行处理。而对于经济利益小于成本的活动，主要是指公共品的供给问题，政府应发挥干预职能，但仍要尽可能地降低其干预成本。这一观点得到了学者们的普遍认可，Say（1803）和 Mill（1848）分别从不同角度进行了系统的分析和阐述。

然而，20 世纪 30 年代的经济危机动摇了公众对古典经济学派的信心，人们开始反思政府在经济活动中应该扮演的角色。在这样的背景下，庇古和凯恩斯理论应运而生。庇古（1932）发现市场中存在垄断的情况，并认为垄断是导致社会资源在市场中难以自由流动的重要原因，使得社会资源配置严重偏离均衡状态，此时政府应对垄断行业加以监管，打破这种局面，进而提高社会整体福利水平。凯恩斯则从更为宏观的层面对政府的干预职能进行了研究，在《就业、信息和货币通论》一书中指出在自由市场条件下，有效需求无法被充分调动起来，政府应发挥干预职能，运用财政政策对经济进行刺激，以缓解失业造成的不稳定局面，并对传统经济学维持国家预算平衡的观点表示质疑。该理论得到了现实验证，美国政府基于凯恩斯主义的思想，对市场进行干预，成功渡过了经济危机。之后，萨缪尔森等人在凯恩斯思想的基础上不断进行完善和发展，形成了新古典综合派。Stiglitz（1998）从信息经济学的视角分析了政府干预行为，并对市场失灵进行了分类，认为政府与市场具有互补作用，即政府干预实际上是对市场机制的一种有益补充。

综上所述，政府干预理论主要是围绕政府行为与市场的关系展开，考察政府行为对市场经济活动的影响。政治关联作为政府干预市场活动的手段之一，可以更好地引导和规范企业行为（杜兴强等，2009）。基于政府干预理论的视角对政治关联进行解读，能很好地解释政府与企业建立政治关联的动因。

（五）“扶持之手”与“掠夺之手”

“扶持之手”或“掠夺之手”指的是政府行为对企业资源和价值的影响。“手”是经济学家构建理论模型时对政府行为的一个形象比喻。

由于制度背景和政治利益目的的复杂性，政府行为对企业价值的影响作用，可能表现为“扶持之手”、“掠夺之手”或“无为之手”（Frye and Shleifer，1996）。其中，“扶持之手”是指政府行为有助于促进企业的发展；“掠夺之手”是指政府基于自身利益，阻碍了企业发展；“无为之手”则表示政府将自己定位成市场经济的“守夜人”，对企业的发展没有显著影响。

主张经济自由主义的亚当·斯密在《国富论》中虽然肯定了政府在公共品供应等方面的干预职能，但仍主张依靠市场这只“看不见的手”自发调整供求之间的平衡，即他认为政府应充当市场的“守夜人”，不干预市场经济活动，放任经济自由发展。

20 世纪 30 年代始发于美国的经济危机使人们意识到，市场并不是万能的，存在市场失灵的情况，并开始反思政府在市场经济中应发挥的职能。在此背景下，凯恩斯主义应运而生。1936 年，凯恩斯在《就业、利息与货币通论》一书中表示，仅依靠市场的力量无法充分调动有效需求和实现资源的优化配置，政府应该发挥干预职能，扮演“扶持之手”的角色，通过刺激消费和投资等，帮助企业更好地生产经营，进而提高社会整体福利水平。

然而，政府也有失灵的情况（Buchanan，1972）。Shleifer 和 Vishny（1998）正式提出了政府“掠夺之手”的理论，认为政府可能基于自身的利益和目标，而不是社会整体福利最大化，利用行政职权对企业行为进行干预，比如强制要求企业对灾区捐款，发起寻租活动，将掌控的资源分配给自己的政治支持者或利益相关者等，其结果是社会整体福利降低。

综上，“扶持之手”和“掠夺之手”理论强调了政府行为对企业的最终影响效果。政治关联既可以理解为企业向政府寻租的手段，也可以作为政府干预市场活动的方式之一（逯东等，2013），究竟对企业的行为决策和绩效有什么影响作用呢？“扶持之手”和“掠夺之手”理论为我们更好地理解政治关联对企业行为决策和绩效的最终影响效果提供了思路。

二 政治关联的动机

到目前为止，政治关联仍没有一个统一明确的定义，大多数学者把政治关联理解为企业的核心人物或职务与政府中拥有政治权利的某个人或某政治地位之间的紧密关系。考虑到关于政治关联的经验研究都是围绕企业和政府两个主体展开，本书将分别从企业和政府的角度对政治关联的动机进行归纳总结。

（一）企业与政府建立政治关联的动机

政治环境是企业外部环境的重要组成部分，对企业的生存和发展有至关重要的影响作用。企业与政府建立密切的关联，并以此获得所需要的资源已成为众多企业的选择（张敏等，2013）。政治关联并不是中国特有的现象，而是普遍存在于世界各国，如美国、巴基斯坦、巴西、印度尼西亚等国家（Fisman，2001）。不少文献研究表明企业与政府建立政治关联主要是因为市场化程度低、存在政府干预、法治水平不健全、存在融资约束等问题（Faccio，2006；Chen，et al.，2011）。尤其是在一些转型经济和发展中国家，其正式制度难免存在缺陷，不能考虑到市场中出现的各种情况，使得企业倾向于寻求非正式制度的保护以避免利益受到损害。

这时，政治关联被视作一种非正式制度（Khwaja Mian，2005），可以作为一种特殊的资源或寻租手段搭起企业与政府之间沟通、交流的桥梁，在一定程度上增加了企业从政府手中获取稀缺资源的砝码，使企业更加清楚、准确地了解政府政策和动向，进而获得更多的政府补助、税收优惠和银行贷款（Chung，2004；胡旭阳，2006；Boubakri，et al.，2008；Choi and Thum，2009；余明桂等，2010；Infante and Piazza，2010；Houston，J.，et al.，2014；李维安等，2015）。Agrawal 和 Knoeber（2001）则指出企业与政府建立关系可以有效应对外界环境的不确定性，以缓解政策以及市场环境不确定性带来的冲击。

（二）政府与企业建立政治关联的动机

就政府而言，政治关联是政府干预市场活动的手段之一。一方面，政府与企业建立政治关联，可以更好地向企业传达政府政策的精神，避免政府大张旗鼓地通过行政命令对企业进行干预造成的舆论指责。张川（2014）表示代表委员类高管通过参政议政，其自身的觉悟和社会责任感、使命感得到提升，将更加积极地为社会做贡献。

另一方面，政府可以借助企业的力量承担相应的社会和政治任务（Fan, et al., 2013）。地方政府在享有社会资源分配权的同时，也承担着维护社会稳定的职能，如救济社会弱势群体、提供公共服务等。当一个地方发生重大灾害性事件时，急需大量的物力、人力和财力，仅依靠地方政府自身的力量难以及时高效地实施社会救助，此时需要借助企业和社会公众的力量（李增福等，2016）。尤其是在财政分权体制和地方官员晋升机制下，地方政府在各方面展开了激烈的竞争（Jin, et al., 2005）。梁莱歆和冯延超（2010）指出政治关联的民营企业受到政府为实现扩大就业、促进社会稳定目标而进行的政治干预，为保持其政治声誉和政治地位，将比非政治关联的企业雇用更多的劳动力，并支付更高的薪酬成本。

三　政治关联、企业社会责任与经营绩效

已有学者探讨了政治关联对不同因素的影响作用，包括高管报酬业绩敏感性、企业员工配置效率、技术创新、与竞争对手的多点接触程度、企业社会责任和经营绩效等（刘慧龙等，2010；袁建国等，2015；邓新明等，2016）。由于本书的研究重点是企业社会责任和经营绩效，本书主要侧重于对政治关联与企业社会责任和经营绩效的国内外文献进行归纳总结。

（一）政治关联与企业社会责任

关于政治关联或企业社会责任的研究有很多，但研究两者关系的文献相对较少。少有学者探究政治关联与企业社会责任之间的关系，得到的研究结论也完全不同。

一些研究表明政治关联的建立有助于促进企业履行社会责任。例如，Hongh 和 Hartog（2008）研究发现企业与政府建立政治关联将给企业带来更大的压力，督促其履行更多的社会责任。贾明和张喆（2010）认为具有政治关联的上市企业的慈善捐款水平更高，有效缓解了突发灾

害事件发生对政府带来的财政压力。张敏等（2013）、李四海等（2012）与戴亦一等（2014）分别验证了这一研究结论。Gu，H. 等（2013）以中国酒店企业为研究样本，发现高管具有政治背景的企业参与了更多的环保和慈善实践活动。娄祝坤和张川（2014）以中国化工行业的上市企业为研究对象，将高管的政治关系分为代表委员类和政府官员类，考察了不同政治关联方式对企业社会责任的影响。发现代表委员类政治关联能显著提高企业社会责任的整体表现，而政府官员类政治关联则没有影响作用。LI 等（2015）以在深圳和上海证券交易所上市的中国企业为样本，分析政治关联和股权所有制类型对企业慈善捐赠决策和数额的影响。

然而，一些学者认为政治关联的建立会降低企业的社会责任水平。姚圣和梁昊天（2015）研究发现政治关联将降低民营企业的环保业绩。Lin 等（2015）考察了市场更替导致政治关联的突然中止对中国上市企业履行社会责任的影响，发现当一个市长被替换时，企业履行社会责任的水平和意愿提升，即稳定的政治关联反而会降低企业履行社会责任的积极性。

（二）政治关联与经营绩效

学者们考察了政治关联与经营绩效的关系，得到两个完全不同的研究结论：正相关和负相关。

1. 正相关

Fisman（2001）率先考察了政治关联与经营绩效的关系，他采用事件研究法，以 1995～1997 年印度尼西亚时任总统苏哈托几次健康状况恶化的流言为事件窗口，分析这些流言对与苏哈托有关联的企业价值的影响，研究发现负面流言的出现将显著降低关联企业的市场价值。Hellman 等（2003）采用 22 个处于转型期的国家为分析样本，研究发现政治关联企业可以获得更多的产品和服务保护，且拥有更高的经营绩效。Mitton（2003）以马来西亚 400 多家上市公司为研究样本，发现具有政治关联的企业在金融危机中受到的损失要远低于非政治关联企业在金融危机中受到的损失。Ferguson 和 Voth（2008）以 1933 年德国 751 家上市企业为研究对象，发现与德国纳粹党有政治关联的企业，股票收益率比无政治关联的企业高出 5% ~8%。Goldman（2009）表示政治关联有助于促进企业价值的增长。曾萍和邓腾智（2012）通过对国内外关于政治关联与经营绩效的 33 篇文献进行 Meta 分析，发现政治关联与中国企业的价值和某些财务绩效指标都有显著的正向关系。张平和黄智文（2015）发现政治关联有助于促进企业经营绩效的增长。Lee，C. C. 和 Lin，C. W.（2016）选定 OECD 30 个国家的 1324 个保险企业为研究样本，发现政治关联的建立促使企业拥有更高的经营绩效。

2. 负相关

不少国外学者研究发现政治关联与经营绩效之间存在显著的负向关系。Bertrand 等（2004）认为政治关联将降低企业经营绩效。Fan 等（2007）以 1993 ~2001 年在沪深交易所首发的 790 家 A 股企业为研究样本，考察了政治关联对 IPO 前后业绩变化的影响，发现相比于非政治关联企业，政治关联企业在 IPO 后业绩下降幅度更大。Chen，S.（2011）表示雇用具有政治背景的高层管理人员将降低国有企业的投资效率，扭曲投资行为。Aggarwal（2012）以美国 1991 ~2004 年政治竞选为研究背景，发现政治关联与企业未来异常股票收益率之间存在显著的负相关关系。

部分国内学者也研究表明政治关联将降低企业经营绩效。邓建平和曾勇（2009）以中国 2002 ~2006 年民营上市企业为研究样本，发现民营企业的政治关联程度越高，企业的经营效率就越低。张雯等（2013）表示政治关联在一定程度上会导致资源错配，使得政治关联企业的并购绩效显著低于非政治关联企业的并购绩效。魏炜等（2017）表明政治关联将降低企业会计并购绩效，而在多元化并购中，政治关联企业的并购绩效更优于非政治关联企业。

（三）政治关联、企业社会责任与经营绩效

较少研究将政治关联、企业社会责任与经营绩效三者联系起来。张川等（2014）基于2007~2011年中国化工行业上市企业的数据，将政治关联细分为代表委员类和政府官员类，实证考察了不同类别的政治关联、经营绩效和企业社会责任之间的关系。发现经营绩效在政府官员类政治关联和企业社会责任之间起完全中介作用，而在代表委员类政治关联和企业社会责任之间起部分中介作用。高冰和杨艳（2015）、朱蓉和徐二明（2015）分别基于2008~2013年中国沪深两市上市公司和2008~2012年62家中国商业银行的数据，研究了社会责任在政治关联与经营绩效之间的路径作用。

总体看来，单独针对政治关联、企业社会责任和经营绩效的研究有很多，但探究政治关联与企业社会责任的文献相对较少，更不用说将政治关联、企业社会责任和经营绩效三者联系起来进行分析，且研究结论并不一致。

第四节　文献述评

目前，关于企业社会责任、经营绩效和政治关联的研究取得了一些重要的研究成果，但仍存在以下三个方面值得深入探讨。

第一，企业履行社会责任对经营绩效有何影响作用，已经成为社会责任研究领域关注的热点。已有研究主要基于完全理性假设，考察企业履行社会责任对经营绩效影响的客观表现，尚未得到一致的研究结论，缺乏对企业社会责任与经营绩效之间“黑箱”的深入讨论。

第二，目前关于企业履行社会责任过程中不同行为决策的研究较少。已有文献主要侧重于对企业社会责任缺失和伪善行为的定义、行为分类和动因等进行定性分析，缺乏全面系统的研究，无法深入了解企业在履行社会责任过程中采取缺失、伪善和工具性社会责任行为所涉及的

博弈问题和决策过程，且较少关注发生这些行为后带来的影响以及改善问题。

第三，在政治关联方面，已有文献指出政治关联可以作为一种政府干预市场活动的手段或寻租工具，对企业行为和绩效产生影响。目前，学者们主要探讨了政治关联对经营绩效的影响，较少讨论政治关联与企业社会责任之间的关系，更不用说将三者联系起来进行分析，且尚未得到一致的研究结论。

因此，本书在上述研究的基础上，尝试把企业履行社会责任过程中的缺失、伪善和工具性社会责任行为纳入分析框架，深入探讨企业在社会责任实践活动中采取不同行为决策时所涉及的博弈问题和决策过程，并从政治关联的角度考察这些行为的改善对策。

第三章

互惠性偏好下企业履行社会责任对经营绩效的影响

关于企业社会责任与经营绩效的研究主要基于完全理性假设展开，尚未得到一致的研究结论。本章基于行为经济学的互惠性偏好视角，试图通过构建企业和政府的博弈模型，厘清企业履行社会责任对经营绩效的影响，并探究企业与政府关于履行社会责任的互惠机制，以期更好地理解企业履行社会责任过程中的政企互惠行为，为引导企业自觉履行社会责任提供经验依据。

第一节　问题的提出

近年来，企业社会责任已经成为社会各界关注的重点。联合国、国际标准化组织、中国政府等相继颁布了法律法规或规章制度，要求企业在生产经营过程中履行社会责任，即企业在追求经济效益的同时，考虑环境、产品质量和劳工等方面。联合国于 2000 年正式启动了“全球契约”计划，要求企业在各自的影响范围内遵守、支持以及实施涉及人权、劳工标准、环境及反贪污方面的十项基本原则；国际标准化组织则于 2004 年启动了社会责任国际标准 ISO26000 的制定工作；中国《公司法》明确规定“公司在经营活动中，必须遵守法律、行政法规，遵守社会公德、商业道德，诚实守信，并接受政府和社会公众的监督，履行社会责任”；2006 年 9 月中国深圳证券交易所发布《深圳证券交易所上市公司社会责任指引》；2008 年 1 月中国国资委发布《关于中央企业履行社会责任的指导意见》，随后上海证券交易所于同年 5 月颁布《上海证券交易所上市公司环境信息披露指引》；“十三五”规划也提出了“绿色发展”理念。

然而，中国社会科学院发布的《中国企业社会责任研究报告（2015）》指出，企业社会责任报告数量由 2006 年的 32 份增长到 2015 年的 1703 份，实现了迅速增长，但报告信息披露较不完整，有超六成的企业社会责任报告篇幅不到 30 页，存在“报喜不报忧”等问题，且中国企业 300 强的社会责任发展指数为 34.4 分，同比增长 1.5 分，仍处于起步阶段。说明中国企业社会责任实践活动虽然已经起步，但仍不理想。

企业履行社会责任将带来经营成本的增加，Behrman 和 Grosse（1990）甚至表示在毫无监管的情况下，没有企业愿意承担社会责任。而企业社会责任的缺失会引发一系列社会问题，给社会稳定和政府管理造成极大压力，故政府倾向于鼓励企业履行社会责任。由此可见，企业与政府关于企业是否应该履行社会责任的观点并不一致，甚至存在冲突。比如，2011 年智利的卡哈马卡省孔加金矿冲突：由于开发公司破坏水源和生态环境，引起了中央政府与地方政府、矿业企业与居民社区之间的矛盾升级，暴力事件不断发生，造成了包括警察在内的 20 多人受伤，同时乌马拉政府宣布卡哈马卡省的 4 个地区进入 60 天紧急状态，并命令军队介入，以协助国家警察维持当地治安。

如何调动企业履行社会责任的积极性，找到一条实现双方合作共赢的道路，以缓解企业与政府关于社会责任履行的矛盾和冲突，成为当前迫切需要解决的重要问题。已有关于企业社会责任与经营绩效的研究主要基于完全理性假设展开，仅考虑社会责任履行对企业自身的影响，忽略了人并非完全理性且具有互惠性偏好，以及企业与其他利益相关者的相互作用关系，且尚未得到一致的研究结论，不能给出明确有效的指导建议。因此，本书基于行为经济学的视角，分别构建完全理性和互惠性偏好假设下企业和政府的博弈模型，考察企业与政府的最优决策和效用函数，试图寻找一条经济的、有效的、有异于道德约束的合作共赢机制，为引导企业自觉履行社会责任提供理论基础。

第二节　模型基本假设

假设 1：企业和政府之间存在一定的利益相关性，且企业为风险中性，政府为风险规避型。

企业在市场中从事一系列生产经营活动，需要向政府机关申请审批手续和缴纳一定的税收，受政府政策等因素的影响，同样政府也受企业行为决策的影响，因此认为企业和政府为利益相关者，具有一定的利益相关性。

假定企业为风险中性，政府为风险规避型，原因在于以下两点。第一，从公共权利的角度来看，社会公众赋予了政府公共管理的权利，希望政府更好地保管和管理公共资源，提供公共服务。政府接受社会公众的委托，为其提供公共产品、维护公共秩序（范柏乃、金洁，2016）。此时社会公众与政府构成了委托 - 代理关系，且作为社会公众之一的企业为委托人，政府为代理人（邓名奋，2007；彭韶兵、周兵，2009）。根据委托 - 代理理论，委托人为风险中性，代理人为风险规避型。第二，在现实生活中，企业作为以盈利为主要目的的经济组织，既不会一味冒进地进行风险投资，也不会单纯地采取保守战略，主要是根据预期的货币价值来选择投资项目，以期望货币价值最大化。跨国企业甚至愿意将部分资源退出较为稳定的国内市场，进入具有更高风险的不确定国外市场以追求经济利益，这显然不符合风险规避型特征。Scharner 等（2016）通过对 109 家乳品生产商进行在线调查，发现生产商为风险中性。此外，政府作为公共社会组织，除了考量项目带来的经济收益之外，还需将社会福利、就业、人均收入、社会发展等因素纳入考虑范畴，具有风险规避的特征（Chen and Bozeman，2012；Walters and Ramiah，2016）。吕同舟（2014）认为“政治锦标赛”下的地方官员晋升机制、公共政策对象的权利意识觉醒，以及现代化和后现代化的双重压力，使得“风险规避”成为地方政府的现实选择。

假设 2：企业需承担$\frac{1}{2}bQ^2$的生产成本和向政府支付的固定费用 ∂。其中，$b>0$ 为生产成本系数，Q 为企业产品的产量。政府要求企业在生产经营过程中必须承担 A 的社会责任，企业履行社会责任的成本系数为 1。

假设 3：政府分配得到的收入为：$S_1(\pi)=r\times(PQ+\theta)$；企业分配得到的收入为：$S_2(\pi)=(1-r)\times(PQ+\theta)$。

企业收入函数为 $\pi=PQ+\theta$，其中 P 为企业产品的价格，Q 为企业产品的销售量，θ 是影响企业收入的随机扰动因素，服从正态分布，且均值为 0、方差为 σ^2。此时，政府分配得到的收入为：$S_1(\pi)=r\times(PQ+\theta)$；企业分配得到的收入为：$S_2(\pi)=(1-r)\times(PQ+\theta)$，其中 r 为政府制定的利益分配比。

假设 4：政府的收入函数为：$m=\partial+r\times(PQ+\theta)+\delta A-C$；企业的利润函数为：$n=(1-r)\times(PQ+\theta)-\partial-A-\frac{1}{2}bQ^2$。

企业在生产经营过程中承担 A 的社会责任，可以为政府带来 δA 的正向溢出效应，其中 $\delta\geqslant 0$ 为社会责任的溢出系数。政府提供基础设施建设等公共服务的成本为 C。结合假设 2 和假设 3，政府的收入函数可以表示为：$m=\partial+r\times(PQ+\theta)+\delta A-C$，企业的利润函数为：$n=(1-r)\times(PQ+\theta)-\partial-A-\frac{1}{2}bQ^2$。

第三节　模型构建

一　完全理性下企业和政府的博弈模型

根据假设1，企业是风险中性的，追求的是投资项目所带来的期望货币价值最大化。企业的期望效用等于期望利润：$Eu = En = (1-r) \times PQ - \frac{1}{2}bQ^2 - A - \partial$。

政府是风险规避的，存在风险成本，追逐的不是经济收益最大化，而是经济收益所带来的效用最大化。定义政府在不确定条件下随机效用的确定性等价收入为 v，政府的效用函数为 $u(m) = K - e^{-\rho m}$，其中 K 为较大的正数，m 为政府的收入函数，ρ 为政府的风险规避度，$\rho = -\frac{u''}{u'}$。政府获得确定性等价收入 v 所带来的效用水平等于它在不确定条件下的期望值，即

$$
\begin{aligned}
Eu(m) &= \int_{-\infty}^{+\infty} (K - e^{-\rho m}) \frac{1}{\sqrt{2\pi}\sigma} e^{-\frac{\theta^2}{2\sigma^2}} d\theta \\
&= K - \int_{-\infty}^{+\infty} e^{-\rho[\partial + r\times(PQ+\theta) + \delta A - C]} \frac{1}{\sqrt{2\pi}\sigma} e^{-\frac{\theta^2}{2\sigma^2}} d\theta \\
&= K - e^{-\rho(\partial + r\times PQ + \delta A - C) + \frac{1}{2}\rho^2 r^2 \sigma^2} \int_{-\infty}^{+\infty} \frac{1}{\sqrt{2\pi}\sigma} e^{-\frac{(\theta+\rho r\sigma^2)^2}{2\sigma^2}} d\theta \\
&= K - e^{-\rho(\partial + r\times PQ + \delta A - C - \frac{1}{2}\rho r^2 \sigma^2)} \\
&= K - e^{-\rho v} = Ev
\end{aligned}
$$

得到确定性等价收入 $v = \partial + r \times PQ + \delta A - C - \frac{1}{2}\rho r^2 \sigma^2$。

此时，企业的期望效用函数为：

$$Eu = (1-r) \times PQ - \frac{1}{2}bQ^2 - A - \partial \tag{3.1}$$

政府的等价期望效用函数为：

$$Ev = \partial + r \times PQ + \delta A - C - \frac{1}{2}\rho r^2 \sigma^2 \tag{3.2}$$

企业和政府作为两个相对独立的经济组织，经营目标并不完全相同甚至存在冲突，其分别追求自身效用最大化。企业根据效用最大化的原则确定产品的产量，并希望政府维持正常效用而提供一个尽可能低的利益分配比。但政府可能为了扶持当地企业或鼓励某行业的发展而不制定较低的利益分配比。

假定企业和政府的效用函数连续并可导。政府愿意为企业提供公共服务的前提条件是：政府的期望效用不低于它的保留效用 W。参与约束条件（IR）为：

$$\partial + r \times PQ + \delta A - C - \frac{1}{2}\rho r^2 \sigma^2 \geqslant W \tag{3.3}$$

只有 IR 约束条件得到满足，接下来的讨论才有意义。政府行为的目标是实现效用最大化，其倾向于选择一个最佳的利益分配比使得等价期望效用函数 Ev 最大化，即

对式（3.2）求关于 r 的偏导，得到激励约束条件（IC）为：$PQ - \rho r\sigma^2 = 0$

简化可得：

$$r = \frac{PQ}{\rho\sigma^2} \tag{3.4}$$

由式（3.4）可知，有 $\frac{\partial r}{\partial \rho} < 0$，$\frac{\partial r}{\partial \sigma^2} < 0$，意味着政府制定的利益分配比 r 与风险规避度 ρ 之间存在负相关，即政府的风险规避度 ρ 越高，其分配得到的收入所发挥的激励作用就越不明显。

企业知道只要政府获得的期望效用不低于保留效用 W，政府就会愿意接受企业的委托，即只要使式（3.3）的等号成立，即可得到：

$$\partial + r \times PQ + \delta A - C - \frac{1}{2}\rho r^2 \sigma^2 = W \tag{3.5}$$

将式（3.4）和式（3.5）代入企业期望效用函数式（3.1），可得：

$$Eu = PQ + \delta A - \frac{1}{2}bQ^2 - A - \frac{P^2 Q^2}{2\rho\sigma^2} - C - W \tag{3.6}$$

企业做出最优生产决策，或者说选择适当的产量 Q 使效用最大化，即

$$\underset{Q}{\text{Max}}\left(PQ + \delta A - \frac{1}{2}bQ^2 - A - \frac{P^2 Q^2}{2\rho\sigma^2} - C - W \right)$$

得到最优产量为：

$$Q = \frac{\rho\sigma^2 P}{\rho\sigma^2 b + P^2} \tag{3.7}$$

此时，企业的期望效用函数为：

$$Eu = \frac{P^2 (\rho\sigma^2)^2 b}{2(\rho\sigma^2 b + P^2)^2} - \partial - A \tag{3.8}$$

政府的期望效用函数为：

$$Ev = \frac{P^4 \rho\sigma^2}{2(\rho\sigma^2 b + P^2)^2} + \partial + \delta A - C \tag{3.9}$$

二　互惠性偏好下企业和政府的博弈模型

近年来，随着行为经济学的兴起，传统经济学的“完全理性人”假设受到了不少学者的质疑，最后通牒、讨价还价博弈、礼物交换博弈、信任博弈、公共品博弈等一系列实验均表明并非所有人都是自私自利的，大量非自利行为存在。Rabin（1993）最早提出了基于动机公平的互惠性偏好理论模型，认为当别人对你友善时你也对别人友善，当别人对你不善时你也对别人不善。这一研究得到了蒲勇健（2007）、Skatova，A. 等（2011）和 Kamas，L. 等（2012）的支持，他们表示人们甚至愿意牺牲自己的一些利益，对善意行为进行回报或对恶意行为进行惩罚。Camerer，C. F. 等（2007）尝试将互惠性偏好引入经济学的分析框架，以解释传统经济学与现实的偏离。在此基础上，Katok 和 Pavlov（2013）、晏艳阳和金鹏（2014）、袁卓群等（2015）分别研究了供应链协调、高管激励、缔约人决策等问题。

笔者所在项目组分别于 2012 年对重庆与四川省在非洲投资的矿产企业和 2014 年对英国、美国、巴西、阿根廷、德国等 14 个国家投资的机电企业、粮食企业和轻纺企业进行了访谈和问卷调查，其中涉及对外投资动机、进入模式、文化差异、社会责任等方面。通过整理访谈资料发现，对外投资企业不管是出于主动或被动均或多或少地承担社会责任，表现形式包括：雇用当地员工，不定期地对当地学校、社会福利院等进行捐赠，修建小学，保护当地环境，实施医疗救助等。同时，我们发现当地政府或居民会对履行社会责任的企业给予积极的反馈，主要表现为：获得酋长的矿产开发许可权、消费者忠诚度、良好的企业品牌形象和税收优惠等。在“一带一路”背景下，各国家也彰显出其合作共赢的决心，愿意提供一定的优惠反馈，如马来西亚打造具有国际水平的港口来加强与中国的经济合作，柬埔寨、老挝等国家纷纷表示愿意提供税收优惠政策。厦门市地方税务局 2017 年公布的《企业所得税优惠政策》也表明从事公益性或者非营利性活动的组织满足一定条件可以享受免税的优惠。由此，不难发现政府具有互惠性偏好，愿意对企业履行社会责任的善意行为给予积极反馈。

前文基于完全理性假设进行研究，得出了一些有意义的结论，但行为经济学和现实案例均证实了企业和政府作为由自然人组成的社会组织，具有互惠性偏好。因此，有必要从互惠性偏好的视角来重构博弈模型。本书旨在分析企业多履行社会责任对经营绩效的影响，并探究企业与政府关于社会责任履行的互惠机制。假设企业在最优产量下多承担社

会责任 v，政府愿意降低 ε 的利益分配比或将 $\varepsilon \times PQ$ 的收入用于改善投资环境作为回报，此时政府的确定性等价效用为 $W+\gamma$，且有 $0 \leqslant \gamma \leqslant \delta v$（若不成立，则互惠不存在）。

根据假设 1 可知，企业为风险中性，追逐的是投资项目所带来的期望货币价值最大化，即企业的期望效用等于期望利润：$Eu' = (1-r+\varepsilon) \times PQ - \frac{1}{2}bQ^2 - (A+v) - \partial$。政府具有风险规避的特点，存在风险成本，追逐的是经济收益所带来的效用最大化。政府获得确定性等价收入 v' 所带来的效用水平等于它在不确定条件下的期望值，即

$$
\begin{aligned}
Eu(m') &= \int_{-\infty}^{+\infty} (K - e^{-\rho m'}) \frac{1}{\sqrt{2\pi}\sigma} e^{-\frac{\theta^2}{2\sigma^2}} \mathrm{d}\theta \\
&= K - \int_{-\infty}^{+\infty} e^{-\rho[\partial + (r-\varepsilon) \times (PQ+\theta) + \delta(A+v) - C]} \frac{1}{\sqrt{2\pi}\sigma} e^{-\frac{\theta^2}{2\sigma^2}} \mathrm{d}\theta \\
&= K - e^{-\rho[\partial + (r-\varepsilon) \times PQ + \delta(A+v) - C] + \frac{1}{2}\rho^2 (r-\varepsilon)^2 \sigma^2} \int_{-\infty}^{+\infty} \frac{1}{\sqrt{2\pi}\sigma} e^{-\frac{[\theta + \rho(r-\varepsilon)\sigma^2]^2}{2\sigma^2}} \mathrm{d}\theta \\
&= K - e^{-\rho[\partial + (r-\varepsilon) \times PQ + \delta(A+v) - C - \frac{1}{2}\rho(r-\varepsilon)^2\sigma^2]} = K - e^{-\rho v'} = Ev'
\end{aligned}
$$

得到确定性等价收入 $v' = \partial + (r-\varepsilon) \times PQ + \delta(A+v) - C - \frac{1}{2}\rho(r-\varepsilon)^2\sigma^2$。

此时，企业的期望效用函数为：

$$Eu' = (1-r+\varepsilon) \times PQ - \frac{1}{2}bQ^2 - (A+v) - \partial \tag{3.10}$$

政府的等价期望效用函数为：

$$Ev' = \partial + (r-\varepsilon) \times PQ + \delta(A+v) - C - \frac{1}{2}\rho(r-\varepsilon)^2\sigma^2 \tag{3.11}$$

在完全理性的选择决策基础上，假设企业多承担社会责任 v，而其他变量保持不变，政府的期望效用较完全理性的情形下实际增加了 γ。由此：

$$Ev' = \partial + (r-\varepsilon) \times PQ + \delta(A+v) - C - \frac{1}{2}\rho(r-\varepsilon)^2\sigma^2$$

$$= \partial + r \times PQ + \delta A - C - \frac{1}{2}\rho r^2 \sigma^2 + \delta \upsilon - \varepsilon \times PQ + \rho r\varepsilon\sigma^2 - \frac{1}{2}\rho\varepsilon^2\sigma^2 = W + \gamma \quad (3.12)$$

这里只考虑企业多承担社会责任的情况，在互惠性偏好下的激励约束条件与完全理性下的激励约束条件相同。根据前文的分析结果，政府面临的激励约束条件（IC）为：

$$r = \frac{PQ}{\rho\sigma^2} \quad (3.13)$$

根据参与约束条件（IR），即公式（3.5），有 $\partial + r \times PQ + \delta A - C - \frac{1}{2}\rho r^2 \sigma^2 = W$。将其代入政府的期望效用函数式（3.12），可以简化得到：$\delta\upsilon - \varepsilon \times PQ + \rho r\varepsilon\sigma^2 - \frac{1}{2}\rho\varepsilon^2\sigma^2 = \gamma$。进行方程求解，得：

$$\varepsilon = \sqrt{\frac{2(\delta\upsilon - \gamma)}{\rho\sigma^2} + \left(r - \frac{PQ}{\rho\sigma^2}\right)^2} + \left(r - \frac{PQ}{\rho\sigma^2}\right)\text{（舍去负值）} \quad (3.14)$$

要使政府效用在互惠性偏好下得到改善，需满足 $\gamma \geqslant 0$，即可得到：

$$\delta\upsilon \geqslant \varepsilon \times PQ - \rho r\varepsilon\sigma^2 + \frac{1}{2}\rho\varepsilon^2\sigma^2 \quad (3.15)$$

因为激励约束条件（IC）为：$r = \frac{PQ}{\rho\sigma^2}$，将其代入式（3.14），于是有：

$$\varepsilon = \sqrt{\frac{2(\delta\upsilon - \gamma)}{\rho\sigma^2}} \quad (3.16)$$

由式（3.16）可知，$\frac{\partial\varepsilon}{\partial\upsilon} > 0$，表明政府愿意降低的利益分配比 ε 或改善投资环境的资金投入 $\varepsilon \times PQ$ 与企业多承担的社会责任 υ 正相关，即当企业履行更多的社会责任时，政府愿意降低更多的利益分配比或投入更多资金用于改善投资环境、基础设施建设等作为善意回报。与此同时，$\frac{\partial\upsilon}{\partial\varepsilon} > 0$，表明政府若提供更多的优惠政策来激励企业承担更多的社会责任，企业感知到政府的友好后也将履行更多的社会责任作为回报。

企业的期望效用函数式（3.10）可以改写为如下表达式：

$$Eu' = (1 - r + \varepsilon) \times PQ - \frac{1}{2}bQ^2 - (A + v) - \partial = Eu + \varepsilon \times PQ - v$$

根据互惠性偏好理论，有 $Eu' \geqslant Eu$，即

$$\varepsilon \times PQ - v \geqslant 0 \tag{3.17}$$

企业倾向于选择适当的 v 以使其期望效用最大化，于是对式（3.10）求关于 v 的偏导，有：$PQ \times \frac{1}{2\varepsilon} \times \frac{2\delta}{\rho\sigma^2} - 1 = 0$。得：

$$\varepsilon = \frac{\delta PQ}{\rho\sigma^2} \tag{3.18}$$

将式（3.16）和式（3.18）联立，可以得到：

$$\delta v = \frac{P^2 Q^2 \delta^2}{2\rho\sigma^2} + \gamma \tag{3.19}$$

显然 $\delta v \geqslant \gamma$，由此验证了互惠性。因为 $\varepsilon = \sqrt{\frac{2(\delta v - \gamma)}{\rho\sigma^2}}$，所以 $\varepsilon \geqslant 0$，这就意味着当企业多承担社会责任时，政府愿意降低利益分配比或改善投资环境作为回报。$\delta v \geqslant \gamma$ 则表明若企业多承担社会责任 v，政府在完全理性情形下的利益分配比 r 下所获得的效用大于降低利益分配比或改善投资环境时的效用，充分说明政府愿意牺牲部分收入来回报企业多承担社会责任的友善行为，即政府的行为具有强互惠性。

结合式（3.15）和式（3.17）可以得到：当 $\frac{\varepsilon \times PQ + \frac{1}{2}\rho\varepsilon^2\sigma^2 - \rho r\varepsilon\sigma^2}{\delta} \leqslant v \leqslant \varepsilon \times PQ$，企业和政府在互惠性偏好时的效用比在完全理性时的效用更高。表明在完全理性的选择下，即保持产量 Q 不变，企业多承担社会责

任 v，政府对此做出积极回应，且满足$\frac{\varepsilon \times PQ + \frac{1}{2}\rho\varepsilon^2\sigma^2 - \rho r\varepsilon\sigma^2}{\delta} \leqslant v \leqslant \varepsilon \times PQ$ 条件时，企业与政府之间存在以社会责任为切入点的互惠机制。这一研究结论说明政府为鼓励企业多承担社会责任而降低利益分配比或改善投资环境的互惠行为具有合理性，并得到了 *Li* 等（2015）的支持。他们表示企业履行社会责任可以获得更多的非市场收益，且互惠性的社会责任可以帮助政府实现政治目标。

第四节　算例

前文研究发现，在互惠性偏好假设下，企业和政府的效用能实现帕累托改进，即当企业履行更多的社会责任时，政府愿意降低利益分配比或改善投资环境作为回报，博弈结果是企业和政府的效用均大于完全理性时的期望效用，双方实现合作共赢。

满足 $Eu' \geqslant Eu$，$Ev' \geqslant Ev$ 的互惠组合（ε，v）是否存在？接下来，本书进行算例分析，具体参数设置如下：$P=1$，$b=1$，$\rho\sigma^2=1$，$A=0.05$，$\partial=0.05$，$\delta=1.1$，$C=0$，以验证互惠组合（ε，v）的存在性。假定 ε 按 0.1 逐步均匀增加至 0.5，v 在条件范围内随机取一个值，可以计算得到企业和政府的期望效用，详见表 3.1。

表 3.1　仿真模拟结果

ε		0	0.1	0.2	0.3	0.4	0.5
v		0	0.01	0.05	0.08	0.12	0.168
完全理性	企业效用 Eu	0.025					
	政府效用 Ev	0.23					
互惠性偏好	企业效用 Eu^*	0.025	0.065	0.075	0.095	0.105	0.107
	政府效用 Ev^*	0.23	0.236	0.265	0.273	0.282	0.2898

算例结论：在互惠性偏好假设下，当互惠组合（ε，v）满足一定条件时，企业和政府的期望效用均大于完全理性时的期望效用。

第五节 本章小结

本章立足于行为经济学的视角，分别构建完全理性和互惠性偏好假设下企业和政府的博弈模型，从理论上探讨了企业多承担社会责任对经营绩效的影响，以及企业与政府关于社会责任履行的互惠机制。研究发现：在互惠性偏好假设下，企业在生产经营过程中多承担社会责任，且政府愿意降低利益分配比或改善投资环境作为回报，可以促使企业和政府的效用得到帕累托改进，实现双方合作共赢。说明企业与政府之间存在关于社会责任履行的互惠机制，即企业在一定范围内尽可能多地履行社会责任对于企业和政府而言是双赢的。企业逃避承担社会责任仅节约了经营成本，而丢失了企业声誉、与政府和居民的良好关系等无形资产，是一种得不偿失的做法。因此，建议企业在合理范围内应尽可能多地承担社会责任，让渡资源到员工培训、基础设施建设、慈善等社会活动中，让具有互惠性偏好的政府感受到企业的友好。

第四章

企业履行社会责任过程中缺失行为对经营绩效的影响

第三章研究发现，企业与政府之间存在关于履行社会责任的互惠机制。然而，在现实生活中，一些企业并未依照“互惠机制”履行社会责任，存在社会责任缺失行为。那么，企业为何在履行社会责任过程中有缺失行为，其决策依据是什么？社会责任缺失行为将带来什么影响，以及如何避免该行为的发生？本章将深入探讨企业履行社会责任过程中缺失行为的决策依据和影响效应，并拓展研究政治关联对企业社会责任缺失行为的影响。

第一节　问题的提出

中国企业社会责任实践活动虽然已经起步，但仍不理想，一些企业没有积极响应政府号召履行社会责任，存在社会责任缺失行为（刘非菲，2015）。本书讨论的社会责任缺失是指企业在合法经营的前提下，没有按照社会预期做那么多对社会有贡献的好事（Lin-Hi and Müller，2013）。最新的调查结果显示，中国企业社会责任发展指数整体低下，超七成企业得分低于 60 分（中国社会科学院 2017 年企业社会责任蓝皮书），仅 24.1% 的企业社保基数合规（2017 年中国企业社保白皮书）。

这些企业的社会责任缺失行为虽然没有对社会造成直接的危害，但由此产生的利益相关者不满、质疑甚至对立情绪成为社会不稳定的重要诱因，仍需高度重视（Carter，2000；Hill，et al.，2009；Smith，N.，et al.，2010；姜丽群，2014）。因此，分析企业履行社会责任过程中缺失行为的决策依据及其影响效应，并提出相应的改善对策，对于引导企业履行社会责任、促进社会和谐稳定具有重要的意义。

由于相关数据可得性的限制，以往研究主要通过已曝光的个别案例对企业社会责任缺失的动因和影响效应进行定性分析（郑海东等，2017），大多停留在现象描述和问题提出层面（Lange and Washburn，2012；杨伟等，2012），缺乏全面系统的研究，很难深入了解企业履行社会责任过程中所涉及的博弈问题和决策过程，包括企业为何在履行社会责任过程中实施缺失行为，其决策依据是什么？社会责任缺失行为会带来什么影响？回答这一系列问题，能更好地理解企业社会责任缺失行为，为后续提出对该行为的改善对策提供理论基础。

如何降低企业社会责任缺失水平？现有文献主要采用定性分析的方法，提出较为笼统宽泛的改善方案，包括道德教育、企业内部结构治理和政府政策制定等，缺乏对改善对策和实施效果的深入讨论（易开刚，2012；姜丽群，2016）。与此同时，由于认识具有时滞性和局限性，正式制度难以囊括所有不负责任的行为，尤其是没有违法，但对他人有负面影响的行为（Lin-Hi and Blumberg，2012a），亟须非正式制度发挥作用（Sarre，R.，2001）。政治关联作为非正式制度的一种，极为普遍，会对企业的行为决策产生影响（Khwaja Mian，2005；邓新明，2011；况学文等，2017）。本书尝试从政治关联的视角，考察其对企业社会责任缺失行为的影响，以提供具体、有效、可操作的对策建议。

综上，本书构建有无社会责任缺失行为下企业和政府的博弈模型，并进行比较分析，深入探讨企业社会责任缺失行为的决策依据和影响效应，以克服相关数据难以获得的局限性，弥补之前研究将其视作“黑箱”的不足。然后，进一步考察政治关联对企业社会责任缺失水平的影响，分析采用政治关联的方式降低企业社会责任缺失水平的可行性和有效性。

第二节 基本模型设定

一 模型假设

为了厘清企业履行社会责任过程中缺失行为的决策过程和影响效应，本书构建由一个企业和一个政府构成的博弈模型，并做出以下假设。

假设1：企业与政府之间具有利益相关性，且企业为风险中性，政府为风险规避型；企业具有纵向公平偏好，以收入分配作为公平的衡量标准。

根据行为经济学和实验经济学的研究可知，人并非完全理性且具有收入分配公平偏好，即人们在追求自身收益的同时，也会关注他人的收益情况（蒲勇健，2007），包括横向公平偏好和纵向公平偏好（Fehr，E. and Schmidt，K. M.，1999）。企业作为由人组成的社会集合，也具有公平偏好，甚至认为公平是维持合作的重要因素（Kahneman，1986；Kumar，N.，et al.，1995）。因此，假定企业具有纵向公平偏好，即企业会关注政府的收益情况，且以收入分配作为公平的衡量标准。

假设2：社会公众希望企业履行 A 的社会责任，但企业实际履行的社会责任为 $A-S$，即企业逃避承担了 S 的社会责任，且 $S\geqslant 0$。

姜丽群（2014）将社会责任缺失定义为企业出于自利或其他原因而没有按照社会预期来承担社会责任，并对社会造成负面影响、危害和损害的企业行为。因此，假定社会公众希望企业履行 A 的社会责任，但企业实际履行的社会责任为 $A-S$，存在 S 的社会责任缺失，且 $S\geqslant 0$。

假设3：政府分配得到的收入函数为 S_1（π）$=r\times$（$PQ+\beta A+\theta$），r 为政府制定的利益分配比；企业分配得到的收入函数为 S_2（π）$=$（$1-r$）$\times$（$PQ+\beta A+\theta$）。

企业收入函数为 $\pi=PQ+\beta A+\theta$。其中，P 为企业产品的价格，Q 为企业产品的销售量，β 表示企业履行社会责任所带来的收入提升，A 为企业履行的社会责任，θ 是影响企业收入的随机扰动因素，服从正态分布，且均值为0、方差为 σ^2。这样设定企业收入函数，原因在于：企业履行社会责任可以获得非市场收益（Li，et al.，2015），如提高员工忠诚度（Jones，D. A.，2011；李歌等，2016）、投资回报率（曹亚勇等，2012；马虹、李杰，2015）和银行贷款（沈艳、蔡剑，2009；李姝等，2014），以及改善投资环境（第三章的研究结论）。此时，政府分配得到的收入为 S_1（π）$=r\times$（$PQ+\beta A+\theta$），企业分配得到的收入为 S_2（π）$=$（$1-r$）$\times$（$PQ+\beta A+\theta$），其中 r 为政府制定的利益分配比。

假设4：政府的收入函数为 $m=\partial+r\times$（$PQ+\beta A+\theta$）$+\delta A-C$，企业的利润函数为 $n=$（$1-r$）$\times$（$PQ+\beta A+\theta$）$-\frac{1}{2}Q^2-\frac{1}{2}A^2-\partial$。

企业在生产经营过程中，需承担生产成本 $\frac{1}{2}Q^2$，社会责任成本 $\frac{1}{2}A^2$，和向政府支付的固定费用 ∂。企业社会责任具有正外部性，可以为政府带来 δA 的溢出效应，其中 $\delta\geqslant 0$ 为社会责任的溢出系数。政府提供基础设施建设等公共服务的成本为 C。结合假设3，政府的收入函数可以表达为 $m=\partial+r\times$（$PQ+\beta A+\theta$）$+\delta A-C$，企业的利润函数为 $n=$（$1-r$）$\times$（$PQ+\beta A+\theta$）$-\frac{1}{2}Q^2-\frac{1}{2}A^2-\partial$。

二 模型说明

公共品实验、最后通牒实验以及礼物交换博弈实验均表明完全理性假设已不能完全解释参与者的行为。参与者并非完全理性且具有公平偏好，即人们在关注自身收益的同时，还会关心利益分配是否公平（Rabin，1993）。Fehr，E. and Goette，L.（2008）将公平偏好分为横向公平偏好（如企业与企业之间）和纵向公平偏好（如企业与政府之间），并以收入分配作为企业公平偏好的感知源。根据 Fehr 和 Schmidt（1999），参与者的效用主要来源于三部分：绝对收入效用、嫉妒偏好负效用和自豪偏好正效用。绝对收入效用主要是通过绝对收入来衡量，嫉妒偏好负效用描述了不利于自己的不公平分配所带来的效用损失，自豪偏好正效用则度量了有利于自己的不公平分配所带来的效用提升。

基于此，考虑到纵向公平偏好影响的修正，企业效用函数可以改写为：

$$Eu = n - k_1 \max\{[S_1(\pi) - S_2(\pi)], 0\} + k_2 \max\{[S_2(\pi) - S_1(\pi)], 0\}$$

其中，第一项 n 为企业的利润函数，第二项表示企业嫉妒偏好带来的效用损失量，第三项则为企业自豪偏好带来的效用增加量。其中，S_1（π）和 S_2（π）分别表示政府和企业分配得到的收入，k_1 和 k_2 则分别度量了企业嫉妒偏好和自豪偏好的程度，有 $k_1 \geqslant 0$ 和 $k_2 \geqslant 0$。Von Siemens（2005）认为在逆向选择模型中，参与者对不公平偏好的感知并没有显著差异。为了方便计算，笔者令 $k_1 = k_2 = k$ 来表示企业公平偏好程度的强弱，k 越大表示企业公平偏好程度越高，收入分配不公平对企业效用的影响越大，反之则越小。当 $k = 0$ 时，意味着企业仅关注自身收益，即回到了完全理性的情形。考虑纵向公平偏好影响的修正后，企业的效用函数可以表示为：$Eu = n + k\,[S_2(\pi) - S_1(\pi)]$。

基于上述分析，笔者将企业的利润函数 n，以及政府和企业分配得到的收入函数 S_1（π）和 S_2（π）代入修正后的企业效用函数中，有：

$$Eu = (1 - r) \times (PQ + \beta A) - \frac{1}{2}Q^2 - \frac{1}{2}A^2 - \partial + k[(1 - 2r) \times (PQ + \beta A)]$$

根据假设1，政府具有风险规避的特性，存在风险成本，追逐的不是经济收入最大化，而是经济收入所带来的效用最大化。定义政府在不确定条件下随机效用的确定性等价收入为 v，政府的效用函数为 $u(m)=K-e^{-\rho m}$，其中 K 为较大的正数，m 为政府的收入函数，ρ 为政府的风险规避度，且 $\rho=-\frac{u''}{u'}$。政府获得确定性等价收入 v 所带来的效用水平等于它在不确定条件下的期望值，即

$$\begin{aligned}
Em &= \int_{-\infty}^{+\infty}(K-e^{-\rho m})\frac{1}{\sqrt{2\pi}\sigma}e^{-\frac{\theta^2}{2\sigma^2}}\mathrm{d}\theta \\
&= K-\int_{-\infty}^{+\infty}e^{-\rho[\partial+r\times(PQ+\beta A+\theta)+\delta A-C]}\frac{1}{\sqrt{2\pi}\sigma}e^{-\frac{\theta^2}{2\sigma^2}}\mathrm{d}\theta \\
&= K-e^{-\rho[\partial+r\times(PQ+\beta A)+\delta A-C]+\frac{1}{2}\rho^2r^2\sigma^2}\int_{-\infty}^{+\infty}\frac{1}{\sqrt{2\pi}\sigma}e^{-\frac{(\theta+\rho r\sigma^2)^2}{2\sigma^2}}\mathrm{d}\theta \\
&= K-e^{-\rho[\partial+r\times(PQ+\beta A)+\delta A-C-\frac{1}{2}\rho r^2\sigma^2]} \\
&= K-e^{-\rho v}=Ev
\end{aligned}$$

得到确定性等价收入 $v=\partial+r\times(PQ+\beta A)+\delta A-C-\frac{1}{2}\rho\sigma^2r^2$。

第三节　无社会责任缺失行为下企业和政府的博弈模型

本书首先考虑无社会责任缺失行为下企业和政府的博弈关系，即当企业按照社会预期承担 A 的社会责任时，企业和政府的最优决策和效用函数是什么。

根据上述模型假设和模型说明，企业的期望效用函数可以表达为：

$$\begin{aligned}
Eu_1 &= (1-r_1)\times(PQ_1+\beta A)-\frac{1}{2}Q_1^{\ 2}-\frac{1}{2}A^2-\partial+k_2\max\{[S_2(\pi)-S_1(\pi)],0\} \\
&\quad -k_1\max\{[S_1(\pi)-S_2(\pi)],0\} \\
&= (1-r_1)\times(PQ_1+\beta A)-\frac{1}{2}Q_1^{\ 2}-\frac{1}{2}A^2-\partial+k(1-2r_1)\times(PQ_1+\beta A) \qquad (4.1)
\end{aligned}$$

政府的期望效用函数为：

$$Ev_1 = \partial + r_1 \times (PQ_1 + \beta A) + \delta A - C - \frac{1}{2}\rho\sigma^2 r_1{}^2 \tag{4.2}$$

政府倾向于选择一个最优的利益分配比使等价期望效用函数 Ev_1 最大化。对式（4.2）求关于 r_1 的偏导，得到最优利益分配比：

$$r_1 = \frac{PQ_1 + \beta A}{\rho\sigma^2} \tag{4.3}$$

将最优利益分配比式（4.3）代入式（4.1），得到企业的期望效用函数：

$$Eu_1 = (1+k)(PQ_1 + \beta A) - (1+2k)\frac{(PQ_1 + \beta A)^2}{\rho\sigma^2} - \frac{1}{2}Q_1{}^2 - \frac{1}{2}A^2 - \partial \tag{4.4}$$

对式（4.4）求关于 Q_1 的偏导，可以得到企业最优产量函数：

$$(1+k)P - \frac{2P(1+2k)(PQ_1 + \beta A)}{\rho\sigma^2} - Q_1 = 0$$

$$Q_1 = \frac{(1+k)P\rho\sigma^2 - 2(1+2k)P\beta A}{\rho\sigma^2 + 2(1+2k)P^2} \tag{4.5}$$

将最优产量函数式（4.5）代入式（4.3），可以得到最优利益分配比的函数表达式：

$$r_1 = \frac{(1+k)P^2 + \beta A}{\rho\sigma^2 + 2(1+2k)P^2} \tag{4.6}$$

此时，无社会责任缺失行为下企业和政府的期望效用函数可以表达为：

$$Eu_1 = \frac{\rho\sigma^2 (1+k)^2 P^2 + 2A\rho\sigma^2\beta(1+k) - A^2[\rho\sigma^2 + 2(1+2k)(P^2 + \beta^2)]}{2[\rho\sigma^2 + 2(1+2k)P^2]} - \partial \tag{4.7}$$

$$Ev_1 = \frac{2A(\rho\sigma^2)^2\delta + 8A(1+2k)^2P^4\delta + \rho\sigma^2[(1+k)^2P^4 + A^2\beta^2 + 2AP^2(\beta + k\beta + 4\delta + 8k\delta)]}{2[\rho\sigma^2 + 2(1+2k)P^2]^2} + \partial - C \tag{4.8}$$

一 行为决策

命题 4.1：外界环境变动的提高将促使企业生产更多的产品，政府制定更低的利益分配比。当外界环境变动较大即 $\sigma^2 > \frac{2(P^2+2\beta A)}{\rho}$时，企业公平偏好程度的提高将增加企业产量和利益分配比；而当外界环境变动较小即 $\sigma^2 < \frac{2(P^2+2\beta A)}{\rho}$时，企业公平偏好程度的提高将降低企业产量和利益分配比。

相关证明如下：根据式（4.5）和式（4.6），对企业最优产量和利益分配比函数分别求外界环境变动程度（σ^2）和公平偏好程度（k）的一阶导数，可得：

$$\frac{\partial r_1}{\partial \sigma^2} = -\frac{(1+k)P^2+\beta A}{\rho[\rho\sigma^2+2(1+2k)P^2]^2}<0,\quad \frac{\partial Q_1}{\partial \sigma^2} = \frac{2(1+2k)P[(1+k)P^2+\beta A]}{\rho[\rho\sigma^2+2(1+2k)P^2]^2}>0$$

$$\frac{\partial r_1}{\partial k} = \frac{P^2(\rho\sigma^2-2P^2-4\beta A)}{[\rho\sigma^2+2(1+2k)P^2]^2},\quad \frac{\partial Q_1}{\partial k} = \frac{[\rho\sigma^2-2(P^2+2\beta A)]P\rho\sigma^2}{[\rho\sigma^2+2(1+2k)(P^2+\beta^2)]^2}。$$

容易证明，当 $\sigma^2 > \frac{2(P^2+2\beta A)}{\rho}$时，有$\frac{\partial r_1}{\partial k}>0$，$\frac{\partial Q_1}{\partial k}>0$，即当外界环境变动较大时，随着企业公平偏好程度的提高，利益分配比提高和企业产量增加。反之，当 $\sigma^2 < \frac{2(P^2+2\beta A)}{\rho}$时，有$\frac{\partial r_1}{\partial k}<0$，$\frac{\partial Q_1}{\partial k}<0$，即当外界环境变动较小时，随着企业公平偏好程度的提高，利益分配比和企业产量降低。

二 企业效用

命题 4.2：随着外界环境变动程度的提高，企业效用增加。当 $\sigma^2 > \frac{2(\beta A-kP^2)}{\rho}$时，随着企业公平偏好程度的提高，企业效用增加；反之，当 $\sigma^2 < \frac{2(\beta A - kP^2)}{\rho}$ 时，随着企业公平偏好程度的提高，企业效用降低。

证明：根据式（4.7），对企业效用函数分别求外界环境变动程度和企业公平偏好程度的一阶导数，可得：

$$\frac{\partial Eu_1}{\partial \sigma^2} = \frac{(1+2k)[(1+k)P^2+\beta A]^2}{\rho[\rho\sigma^2+2(1+2k)P^2]^2} > 0, \frac{\partial Eu_1}{\partial k} = \frac{\rho\sigma^2(\rho\sigma^2+2kP^2-2\beta A)\times[(1+k)P^2+\beta A]}{[\rho\sigma^2+2(1+2k)P^2]^2}。$$

容易得到，$\frac{\partial Eu_1}{\partial \sigma^2} > 0$。当 $\sigma^2 > \frac{2(\beta A - kP^2)}{\rho}$ 时，有 $\frac{\partial Eu_1}{\partial k} > 0$，即当外界环境变动较大时，企业效用随公平偏好程度的提高而增加；反之，当 $\sigma^2 < \frac{2(\beta A - kP^2)}{\rho}$ 时，有 $\frac{\partial Eu_1}{\partial k} < 0$，说明企业效用随公平偏好程度的提高而降低。

三　政府效用

命题4.3：当外界环境变动较大即 $\sigma^2 > \frac{2(1+2k)P^2}{\rho}$ 时，政府效用随外界环境变动的提高而降低；反之，当外界环境变动较小即 $\sigma^2 < \frac{2(1+2k)P^2}{\rho}$ 时，政府效用随外界环境变动程度的提高而增加。当外界环境变动较大即 $\sigma^2 > \frac{2(P^2+2\beta A)}{\rho}$ 时，随着企业公平偏好程度的提高，政府效用增加；反之，当外界环境变动较小即 $\sigma^2 < \frac{2(P^2+2\beta A)}{\rho}$ 时，企业公平偏好程度的提高将降低政府效用。

证明：根据式（4.8），对政府效用求一阶偏导，有：

$$\frac{\partial Ev_1}{\partial \sigma^2} = -\frac{[\rho\sigma^2-2(1+2k)P^2]\times[(1+k)P^2+A\beta]^2}{2\rho[\rho\sigma^2+2(1+2k)P^2]^3}$$

$$\frac{\partial Ev_1}{\partial k} = \frac{\rho\sigma^2P^2(\rho\sigma^2-2P^2-4A\beta)\times[(1+k)P^2+A\beta]}{[\rho\sigma^2+2(1+2k)P^2]^3}。$$

容易证明，当 $\sigma^2 > \frac{2(1+2k)P^2}{\rho}$ 时，有 $\frac{\partial Ev_1}{\partial \sigma^2} < 0$，即当外界环境变动较大时，政府效用随外界环境变动的提高而降低；当 $\sigma^2 < \frac{2(1+2k)P^2}{\rho}$ 时，有 $\frac{\partial Ev_1}{\partial \sigma^2} > 0$，即当外界环境变动较小时，政府效用随外界环境变动的提高而增加。当 $\sigma^2 > \frac{2P^2+4\beta A}{\rho}$ 时，有 $\frac{\partial Ev_1}{\partial k} > 0$，即当外界环境变动较大时，政府效用随企业公平偏好程度的提高而增加；当 $\sigma^2 < \frac{2P^2+4A\beta}{\rho}$ 时，有 $\frac{\partial Ev_1}{\partial k} < 0$，即当外界环境变动较小时，政府效用随企业公平偏好程度的提高而降低。

第四节　有社会责任缺失行为下企业和政府的博弈模型

在现实生活中，企业社会责任缺失现象屡见不鲜，说明并非所有企业都积极履行社会责任。那么，企业在履行社会责任过程中实施缺失行为的动机是什么？社会责任缺失行为对企业－政府的博弈关系和效用函数又会产生什么影响作用？本书将构建存在社会责任缺失行为下企业和政府的博弈模型，以厘清企业社会责任缺失行为的决策依据和影响效应。

根据前文的模型假设 2 可知，S 代表企业社会责任缺失水平。按照前文的分析思路，社会责任缺失企业的期望效用函数可以改写为：

$$Eu_2 = (1-r_2)\times[PQ_2+\beta(A-S_2)] - \frac{1}{2}Q_2{}^2 - \frac{1}{2}(A-S_2)^2 - \partial + k(1-2r_2)\times[PQ_2+\beta(A-S_2)] \tag{4.9}$$

政府的期望效用函数可以表达为：

$$Ev_2 = \partial + r_2\times[PQ_2+\beta(A-S_2)] + \delta(A-S_2) - C - \frac{1}{2}\rho\sigma^2 r_2{}^2 \tag{4.10}$$

政府倾向于制定最优的利益分配比使等价期望效用函数 Ev_2 最大化。对式（4.10）求关于 r_2 的偏导，得到最优利益分配比：

$$[PQ_2+\beta(A-S_2)]-\rho\sigma^2 r_2=0$$

$$r_2=\frac{PQ_2+\beta(A-S_2)}{\rho\sigma^2} \tag{4.11}$$

将式（4.11）代入式（4.9），得到社会责任缺失企业的期望效用函数：

$$Eu_2=(1+k)[PQ_2+\beta(A-S_2)]-(1+2k)\frac{[PQ_2+\beta(A-S_2)]^2}{\rho\sigma^2}-\frac{1}{2}Q_2{}^2-\frac{1}{2}(A-S_2)^2-\partial \tag{4.12}$$

对式（4.12）求关于 Q_2 的偏导，有：

$$(1+k)P-Q_2-\frac{2(1+2k)[PQ_2+\beta(A-S_2)]}{\rho\sigma^2}\times P=0 \tag{4.13}$$

接下来，对式（4.12）求关于企业社会责任缺失水平的偏导，有：

$$-(1+k)\beta+(A-S_2)-\frac{2(1+2k)[PQ_2+\beta(A-S_2)]}{\rho\sigma^2}\times(-\beta)=0 \tag{4.14}$$

结合式（4.13）和式（4.14），发现：

$$\beta Q_2=P(A-S_2) \tag{4.15}$$

将式（4.15）分别代入式（4.13）和式（4.14），可以计算出企业最优产量和社会责任缺失水平，以及利益分配比，如下：

$$r_2=\frac{(1+k)(P^2+\beta^2)}{\rho\sigma^2+2(1+2k)(P^2+\beta^2)} \tag{4.16}$$

$$S_2=A-\frac{(1+k)\beta\rho\sigma^2}{\rho\sigma^2+2(1+2k)(P^2+\beta^2)} \tag{4.17}$$

$$Q_2=\frac{(1+k)P\rho\sigma^2}{\rho\sigma^2+2(1+2k)(P^2+\beta^2)} \tag{4.18}$$

将式（4.16）、式（4.17）和式（4.18）分别代入企业和政府的期望效用函数式（4.9）和式（4.10），有：

$$Eu_2=\frac{\rho\sigma^2\ (1+k)^2(P^2+\beta^2)}{2[\rho\sigma^2+2(1+2k)(P^2+\beta^2)]}-\partial \tag{4.19}$$

$$Ev_2=\frac{\rho\sigma^2(1+k)[(1+k)(P^2+\beta^2)^2+2\rho\sigma^2\beta\delta+4\beta^3(1+2k)\delta+2P^2\beta(2+4k)\delta]}{2\ [\rho\sigma^2+2(1+2k)(P^2+\beta^2)]^2}+\partial-C \tag{4.20}$$

一　行为决策

命题4.4：（a）当社会各界希望企业履行的社会责任较多时，企业确实存在社会责任缺失行为，但不会完全逃避承担社会责任，其将履行部分社会责任。

（b）外界环境变动程度的提高将促使政府制定更低的利益分配比，企业降低社会责任缺失水平和生产更多的产品。当外界环境变动较大即$\sigma^2>\frac{2\ (P^2+\beta^2)}{\rho}$时，企业公平偏好程度的提高将促使政府制定更高的利益分配比，企业降低社会责任缺失水平和生产更多的产品；反之，当外界环境变动较小即$\sigma^2<\frac{2\ (P^2+\beta^2)}{\rho}$时，企业公平偏好程度的提高将促使政府制定更低的利益分配比，企业提高社会责任缺失水平和生产更少的产品。

相关证明如下。

1. 根据企业社会责任缺失水平的表达式（4.17），可知：当社会各界希望企业履行的社会责任A大于一定数值即$A\geqslant\frac{(1+k)\ \beta\rho\sigma^2}{\rho\sigma^2+2\ (1+2k)\ (P^2+\beta^2)}$时，企业存在社会责任缺失行为。表明当社会各界希望企业履行的社会责任较多时，企业并不会按照社会预期来承担那么多的社会责任。$A-S_2>0$，说明企业在生产经营过程中会从事一些社会责任实践活动，并不会完全逃避履行社会责任。$\frac{\partial S_2}{\partial A}>0$，表明社会各界希望企业履行的社会责任越多，企业社会责任缺失水平就越高，即企业就越倾向于逃避承担社会责任。

2. 对利益分配比式（4.16）分别求外界环境变动程度 σ^2 和企业公平偏好程度 k 的一阶偏导，可得：

$$\frac{\partial r_2}{\partial \sigma^2}=-\frac{(1+k)(P^2+\beta^2)}{\rho[\rho\sigma^2+2(1+2k)(P^2+\beta^2)]^2}<0,\quad \frac{\partial r_2}{\partial k}=\frac{[\rho\sigma^2-2(P^2+\beta^2)](P^2+\beta^2)}{[\rho\sigma^2+2(1+2k)(P^2+\beta^2)]^2}。$$

对企业社会责任缺失水平式（4.17）分别求外界环境变动程度 σ^2 和企业公平偏好程度 k 的一阶偏导，可得：

$$\frac{\partial S_2}{\partial \sigma^2}=-\frac{2(1+2k)(1+k)\beta(P^2+\beta^2)}{\rho[\rho\sigma^2+2(1+2k)(P^2+\beta^2)]^2}<0,\quad \frac{\partial S_2}{\partial k}=-\frac{[\rho\sigma^2-2(P^2+\beta^2)]\beta\rho\sigma^2}{[\rho\sigma^2+2(1+2k)(P^2+\beta^2)]^2}。$$

对企业产量式（4.18）分别求外界环境变动程度 σ^2 和企业公平偏好程度 k 的一阶偏导，发现：

$$\frac{\partial Q_2}{\partial \sigma^2}=\frac{2(1+2k)(1+k)P(P^2+\beta^2)}{\rho[\rho\sigma^2+2(1+2k)(P^2+\beta^2)]^2}>0,\quad \frac{\partial Q_2}{\partial k}=\frac{[\rho\sigma^2-2(P^2+\beta^2)]P\rho\sigma^2}{[\rho\sigma^2+2(1+2k)(P^2+\beta^2)]^2}。$$

容易证明，有 $\frac{\partial r_2}{\partial \sigma^2}<0$，$\frac{\partial S_2}{\partial \sigma^2}<0$，$\frac{\partial Q_2}{\partial \sigma^2}>0$，说明随着外界环境变动程度（$\sigma^2$）的增加，企业将降低社会责任缺失水平，提高企业产量，政府则降低利益分配比。当 $\sigma^2>\frac{2(P^2+\beta^2)}{\rho}$ 时，有 $\frac{\partial r_2}{\partial k}>0$，$\frac{\partial S_2}{\partial k}<0$，$\frac{\partial Q_2}{\partial k}>0$，即当外界环境变动较大时，随着企业公平偏好程度的提高，企业将降低社会责任缺失水平，提高企业产量，政府则提高利益分配比；反之，当 $\sigma^2<\frac{2(P^2+\beta^2)}{\rho}$ 时，有 $\frac{\partial r_2}{\partial k}<0$，$\frac{\partial S_2}{\partial k}>0$，$\frac{\partial Q_2}{\partial k}<0$，说明当外界环境变动较小时，随着企业公平偏好程度的提高，企业将提高社会责任缺失水平，降低企业产量，政府则倾向于制定更低的利益分配比。

二　企业效用

命题4.5：随着外界环境变动程度或企业公平偏好程度的提高，企业效用增加。

证明：对企业效用函数式（4.19）分别求外界环境变动程度 σ^2 和企业公平偏好程度 k 的一阶偏导，可得：

$$\frac{\partial Eu_2}{\partial \sigma^2}=\frac{(1+k)^2(1+2k)(P^2+\beta^2)^2}{\rho[\rho\sigma^2+2(1+2k)(P^2+\beta^2)]^2}>0,$$

$$\frac{\partial Eu_2}{\partial k}=\frac{\rho\sigma^2(1+k)(P^2+\beta^2)[\rho\sigma^2+2k(P^2+\beta^2)]}{[\rho\sigma^2+2(1+2k)(P^2+\beta^2)]^2}>0$$

容易证明，$\frac{\partial Eu_2}{\partial \sigma^2}>0$，$\frac{\partial Eu_2}{\partial k}>0$。说明随着外界环境变动程度和企业公平偏好程度的提高，企业效用增加。

三　政府效用

命题 4.6：（a）若 $P^2+\beta^2>\frac{4\delta\beta(1+2k)}{1+k}$，当外界环境变动较大即 $\sigma^2>\frac{2(1+2k)(P^2+\beta^2)[(1+k)(P^2+\beta^2)+4\delta\beta(1+2k)]}{\rho[(1+k)(P^2+\beta^2)-4\delta\beta(1+2k)]}$ 时，政府效用随外界环境变动程度的提高而降低；反之，政府效用增加。若 $P^2+\beta^2<\frac{4\delta\beta(1+2k)}{1+k}$，政府效用随外界环境变动程度的提高而增加。

（b）当外界环境变动较大即 $\sigma^2>\frac{2(P^2+\beta^2)}{\rho}$时，随着企业公平偏好程度的提高，政府效用增加；反之，当外界环境变动较小即 $\sigma^2<\frac{2(P^2+\beta^2)}{\rho}$时，随着企业公平偏好程度的提高，政府效用降低。

证明如下。

1. 依据政府效用函数式（4.20），求关于外界环境变动程度的一阶偏导，有：

$$\frac{\partial Ev_2}{\partial \sigma^2}=(1+k)(P^2+\beta^2)\frac{\left\{\begin{array}{l}-\rho\sigma^2[(1+k)(P^2+\beta^2)-4\delta\beta(1+2k)]\\+2(1+2k)(P^2+\beta^2)[(1+k)(P^2+\beta^2)+4\delta\beta(1+2k)]\end{array}\right\}}{2\rho[\rho\sigma^2+2(1+2k)(P^2+\beta^2)]^3}。$$

从以上内容可以发现，若 $P^2+\beta^2>\frac{4\delta\beta(1+2k)}{1+k}$，且 $\sigma^2>\frac{2(1+2k)(P^2+\beta^2)[(1+k)(P^2+\beta^2)+4\delta\beta(1+2k)]}{\rho[(1+k)(P^2+\beta^2)-4\delta\beta(1+2k)]}$时，有$\frac{\partial Ev_2}{\partial \sigma^2}<0$；而当 $\sigma^2<\frac{2(1+2k)(P^2+\beta^2)[(1+k)(P^2+\beta^2)+4\delta\beta(1+2k)]}{\rho[(1+k)(P^2+\beta^2)-4\delta\beta(1+2k)]}$时，有$\frac{\partial Ev_2}{\partial \sigma^2}>0$。表明若 $P^2+\beta^2$ 超过一定数值，且外界环境变动较大时，外界环境变动程度的略微提高将降低政府效用。反之，当外界环境变动较小时，外界环境变动程度的略微提高将增加政府效用。

若 $P^2+\beta^2<\frac{4\delta\beta(1+2k)}{1+k}$，有$\frac{\partial Ev_2}{\partial \sigma^2}>0$。说明若 $P^2+\beta^2$ 低于一定数值，政府效用随外界环境变动程度的提高而增加。

2. 依据政府效用函数式（4.20），求关于企业公平偏好程度的一阶偏导，得：

$$\frac{\partial Ev_2}{\partial k}=\frac{\rho\sigma^2[\rho\sigma^2-2(P^2+\beta^2)]}{[\rho\sigma^2+2(1+2k)(P^2+\beta^2)]^3}\times[(1+k)(P^2+\beta^2)^2+\rho\sigma^2\beta\delta+2\beta^3(1+2k)\delta+2P^2\beta(1+2k)\delta]。$$

发现，当 $\sigma^2>\frac{2(P^2+\beta^2)}{\rho}$时，有$\frac{\partial Ev_2}{\partial k}>0$，即当外界环境变动较大时，政府效用随企业公平偏好程度的提高而增加；反之，当 $\sigma^2<\frac{2(P^2+\beta^2)}{\rho}$时，有$\frac{\partial Ev_2}{\partial k}<0$，说明当外界环境变动较小时，政府效用随企业公平偏好程度的提高而降低。

四　有无社会责任缺失行为的对比分析

命题 4.7：企业社会责任缺失行为可以提高企业效用，但损害政府效用。

证明：本章主要致力于分析企业社会责任缺失行为的决策依据和影响效应，前提条件是存在社会责任缺失的企业，即需在社会责任缺失行为存在的条件下进行讨论$\left[A \geqslant \frac{(1+k)\ \beta\rho\sigma^2}{\rho\sigma^2+2\ (1+2k)\ (P^2+\beta^2)}\right]$。此时，下式成立：

$$Eu_1 - Eu_2 = -\frac{\{\rho\sigma^2(1+k)\beta - A[\rho\sigma^2+2(1+2k)(P^2+\beta^2)]\}^2}{2[\rho\sigma^2+2(1+2k)P^2]\times[\rho\sigma^2+2(1+2k)(P^2+\beta^2)]} < 0$$

$$Ev_1 - Ev_2 = \left\{\frac{\rho\sigma^2\beta}{2[\rho\sigma^2+2(1+2k)P^2]}\times\left[\frac{(1+k)P^2+\beta A}{\rho\sigma^2+2(1+2k)P^2}+\frac{(1+k)(P^2+\beta^2)}{\rho\sigma^2+2(1+2k)(P^2+\beta^2)}\right]+\delta\right\}$$
$$\times\left[A-\frac{\rho\sigma^2(1+k)\beta}{\rho\sigma^2+2(1+2k)(P^2+\beta^2)}\right]>0$$

容易发现，相较于无社会责任缺失行为情形，社会责任缺失企业效用更高、政府效用更低。这也就说明，企业可能受经济利益的驱使，在社会责任实践活动中采取缺失行为，以提高企业效用，但损害政府效用。

第五节　政治关联对企业社会责任缺失行为的影响

如何降低企业社会责任缺失水平，鼓励企业履行社会责任成为当前研究的重点。Delaney 和 Sockell（1992）、Stevens（2005）等分别从道德的角度提出了改善对策，包括加强道德培训、制定道德章程、增加道德压力等。Jones，B.（2010）认为企业社会责任缺失是政府治理失败的结果。Arora，P. 和 Dharwadkar，R.（2011）表示有效的企业治理结构可以减少企业不负责任的行为，但具体效果取决于企业对业绩的满意程度。易开刚（2011）则表示企业社会责任缺失行为是企业多重价值博弈的结果，包括经济利益与社会利益、短期利益与长期利益、自身利益与相关者利益、企业价值观与社会价值观、企业自身能力与社会客观要求等，亟须借助企业内外部的力量进行治理，如法律强制、行政干预、社会监督、责任认证、企业内部治理和教育等。Armstrong, J. S. 和 Green, K. C.（2013）认为对管理者进行道德教育以及强化利益相关者的作用有助于减少企业社会责任缺失行为。

然而，上述文献受限于相关数据的可得性，主要采用定性分析的方法，从道德教育、企业内部结构治理、政府政策制定等方面提出对策建议，但究竟应如何治理企业内部结构以及制定什么政策等并未涉及，缺乏对这些改善对策的可操作性和有效性进行全面深入的讨论。Sarre, R. 等（2001）认为单纯依靠法律法规不能有效避免企业社会责任缺失行为的发生，尤其是合法但不道德的企业行为，需要借助非正式制度的力量。为此，有必要从非正式制度的视角，深入地探讨降低企业社会责任缺失水平的对策。

政治关联作为非正式制度的一种，极为普遍。一方面，政治关联可以提高企业竞争力，帮助企业更好地理解国家政策，提高企业与政府官员的沟通效率，获取稀缺资源和便利性（孙立平，2002；Li, H., et al., 2008；李健等，2012）；另一方面，政治关联是政府干预市场活动的途径之一，将限制和约束企业行为（Boubakri, N., et al., 2008）。那么，就企业社会责任缺失行为而言，政治关联到底发挥什么影响作用？政府能否通过建立政治关联的方式达到降低企业社会责任缺失水平的目的？这是一个值得深入探讨的命题。因此，本书在企业社会责任缺失行为存在的基础上，构建有无政治关联情形下社会责任缺失企业和政府的博弈模型，进一步探究政治关联在社会责任缺失问题上发挥的作用，并提出相应的对策建议，以引导企业积极履行社会责任。

一　变量描述

本书与国内大多数研究政治关联的文献一致，认为如果企业的核心人物及其职务与政府中拥有政治权利的某个人及其政治地位之间具有紧密关系，则该企业是政治关联企业。

参考赵晓琴和万迪昉（2016）的研究，笔者认为政治关联企业与非政治关联企业并无本质差别，均具有公平偏好，主要差异体现在公平偏好程度上。政治关联企业与政府之间的关系更为紧密，受到更多政策因素的影响，因此其高管报酬业绩敏感度更低（刘慧龙等，2010）。这也意味着，政治关联企业的高管对利益分配更不敏感，具有更低的公平偏好程度。由此设定，相较于非政治关联企业，政治关联 η 对企业公平偏好带来的扭曲程度为 $\cos\eta$，其中 $\eta \in [0, \frac{\pi}{2}]$，有 $1 \geqslant \cos\eta \geqslant 0$。当 $\eta = 0$时，有 $\cos\eta = 1$，说明当企业与政府之间没有建立政治关联时，企业公平偏好程度并未出现扭曲或偏离。而当 $\eta = \frac{\pi}{2}$时，有 $\cos\eta = 0$，说明当企业与政府之间存在较强的联系时，企业完全不在意利益分配是否公平。随着 η 逐渐变大，$\cos\eta$ 逐渐变小，表明企业与政府之间的关联越紧密，企业就越来越不关心利益分配是否公平。此时，政治关联企业的公平偏好程度由 k 降低为 $k\cos\eta$。

二 模型推导

在前文研究的基础上，本书将政治关联纳入研究框架，分析存在社会责任缺失行为的政治关联企业与政府的博弈关系，以考察政治关联对企业－政府的决策和效用函数的影响。

此时，企业的期望效用函数可以改写为：

$$
\begin{aligned}
Eu_3 &= (1 - r_3) \times [PQ_3 + \beta(A - S_3)] - \frac{1}{2}Q_3^{\ 2} - \frac{1}{2}(A - S_3)^2 - \partial \\
&\quad + k\cos\eta \times (1 - 2r_3)[PQ_3 + \beta(A - S_3)]
\end{aligned} \tag{4.21}
$$

政府的期望效用函数可以表达为：

$$
Ev_3 = \partial + r_3 \times [PQ_3 + \beta(A - S_3)] + \delta(A - S_3) - C - \frac{1}{2}\rho\sigma^2 r_3^{\ 2} \tag{4.22}
$$

根据前文的分析逻辑，可以得到政治关联企业和政府的最优决策水平。具体表达式如下：

$$r_3=\frac{(1+k\cos\eta)(P^2+\beta^2)}{\rho\sigma^2+2(1+2k\cos\eta)(P^2+\beta^2)} \tag{4.23}$$

$$S_3=A-\frac{(1+k\cos\eta)\beta\rho\sigma^2}{\rho\sigma^2+2(1+2k\cos\eta)(P^2+\beta^2)} \tag{4.24}$$

$$Q_3=\frac{(1+k\cos\eta)P\rho\sigma^2}{\rho\sigma^2+2(1+2k\cos\eta)(P^2+\beta^2)} \tag{4.25}$$

将利益分配比式（4.23）、企业社会责任缺失水平式（4.24）和企业产量式（4.25），代入企业和政府的期望效用函数式（4.21）和式（4.22），可得：

$$Eu_3=\frac{\rho\sigma^2\ (1+k\cos\eta)^2(P^2+\beta^2)}{2[\rho\sigma^2+2(1+2k\cos\eta)(P^2+\beta^2)]}-\partial \tag{4.26}$$

$$Ev_3=\frac{\rho\sigma^2(1+k\cos\eta)[(1+k\cos\eta)(P^2+\beta^2)^2+2\rho\sigma^2\beta\delta+4\beta\delta(1+2k\cos\eta)(P^2+\beta^2)]}{2\ [\rho\sigma^2+2(1+2k\cos\eta)(P^2+\beta^2)]^2}+\partial-C \tag{4.27}$$

（一）行为决策

命题4.8：当外界环境变动较大即$\sigma^2>\frac{2\ (P^2+\beta^2)}{\rho}$时，政治关联将降低企业产量和利益分配比，并提高企业社会责任缺失水平；反之，当外界环境变动较小时，政治关联将提高企业产量和利益分配比，并降低企业社会责任缺失水平。

证明：分别对利益分配比式（4.23）、企业社会责任缺失水平式（4.24）和企业产量式（4.25）求政治关联η的一阶偏导，可得：

$$\frac{\partial r_3}{\partial\eta}=\frac{k[-\rho\sigma^2+2(P^2+\beta^2)](P^2+\beta^2)}{[\rho\sigma^2+2(1+2k\cos\eta)(P^2+\beta^2)]^2}\sin\eta,$$

$$\frac{\partial S_3}{\partial\eta}=\frac{[\rho\sigma^2-2(P^2+\beta^2)]\beta\rho\sigma^2k}{[\rho\sigma^2+2(1+2k\cos\eta)(P^2+\beta^2)]^2}\sin\eta,$$

$$\frac{\partial Q_3}{\partial \eta}=\frac{k[-\rho\sigma^2+2(P^2+\beta^2)]P\rho\sigma^2}{[\rho\sigma^2+2(1+2k\cos\eta)(P^2+\beta^2)]^2}\sin\eta。$$

可以发现，当外界环境变动较大即 $\sigma^2>\frac{2(P^2+\beta^2)}{\rho}$ 时，企业与政府之间的政治关联越紧密，企业产量和利益分配比就越低，企业社会责任缺失水平就越高；反之，当外界环境变动较小即 $\sigma^2<\frac{2(P^2+\beta^2)}{\rho}$ 时，企业与政府之间的政治关联越紧密，企业产量和利益分配比就越高，企业社会责任缺失水平就越低。

（二）企业效用

命题 4.9：企业与政府之间的政治关联越紧密，企业效用就越低。

证明：对企业效用函数式（4.26）求一阶导，可得：

$$\frac{\partial Eu_3}{\partial \eta}=-\frac{\sin\eta\times\rho\sigma^2k(1+k\cos\eta)(P^2+\beta^2)[2k(P^2+\beta^2)\cos\eta+\rho\sigma^2]}{[\rho\sigma^2+2(1+2k\cos\eta)(P^2+\beta^2)]^2}<0$$

容易得证，企业效用随政治关联程度的提高而降低。

（三）政府效用

命题 4.10：当外界环境变动较大即 $\sigma^2>\frac{2(P^2+\beta^2)}{\rho}$ 时，政治关联将降低政府效用；反之，当外界环境变动较小即 $\sigma^2<\frac{2(P^2+\beta^2)}{\rho}$ 时，政治关联将提高政府效用。

证明如下：对政府效用函数式（4.27）求政治关联 η 的一阶偏导，有：

$$\frac{\partial Ev_3}{\partial \eta}=-\frac{\rho\sigma^2k\sin\eta\,[\rho\sigma^2-2(P^2+\beta^2)]}{[\rho\sigma^2+2(1+2k)(P^2+\beta^2)]^3}\times[(1+k\cos\eta)(P^2+\beta^2)^2+\rho\sigma^2\beta\delta+2\beta(P^2+\beta^2)(1+2k\cos\eta)\delta]$$

可以发现，当 $\sigma^2>\frac{2(P^2+\beta^2)}{\rho}$ 时，有 $\frac{\partial Ev_3}{\partial \eta}<0$，即当外界环境变动

较大时，企业与政府之间的政治关联越紧密，政府效用就越低。反之，当 $\sigma^2 < \frac{2(P^2+\beta^2)}{\rho}$ 时，有 $\frac{\partial Ev_3}{\partial \eta} > 0$，即当外界环境变动较小时，企业与政府之间的政治关联越紧密，政府效用就越高。

（四）有无政治关联的对比分析

命题 4.11：(a) 当外界环境变动较大即 $\sigma^2 > \frac{2(P^2+\beta^2)}{\rho}$ 时，政治关联将提高企业社会责任缺失水平；而当外界环境变动较小即 $\sigma^2 < \frac{2(P^2+\beta^2)}{\rho}$ 时，政治关联将降低企业社会责任缺失水平。

(b) 当外界环境变动较小时，政治关联可以提高政府效用，但损害企业效用。

相关证明如下。

1. 对比政治关联企业和非政治关联企业的社会责任缺失水平，即式（4.17）和式（4.24），可得：

$$S_2 - S_3 = \frac{-\rho\sigma^2\beta[\rho\sigma^2 - 2(P^2+\beta^2)]k(1-\cos\eta)}{[\rho\sigma^2 + 2(1+2k)(P^2+\beta^2)] \times [\rho\sigma^2 + 2(1+2k\cos\eta)(P^2+\beta^2)]}$$

可以发现，当外界环境变动较大即 $\sigma^2 > \frac{2(P^2+\beta^2)}{\rho}$ 时，政治关联企业的社会责任缺失水平将高于非政治关联企业的缺失水平。反之，当外界环境变动较小即 $\sigma^2 < \frac{2(P^2+\beta^2)}{\rho}$ 时，政治关联企业的社会责任缺失水平将低于非政治关联企业的缺失水平。表明当外界环境较为稳定时，政治关联可以抑制企业社会责任缺失行为。

对比前文关于 Eu 和 Ev 的表达式，可得：

$$Eu_2 - Eu_3 = \frac{\rho\sigma^2(P^2+\beta^2)k(1-\cos\eta)[\rho\sigma^2(2+k+k\cos\eta) + 2k(P^2+\beta^2)(1+\cos\eta+2k\cos\eta)]}{2[\rho\sigma^2 + 2(1+2k)(P^2+\beta^2)] \times [\rho\sigma^2 + 2(1+2k\cos\eta)(P^2+\beta^2)]};$$

$$Ev_2 - Ev_3 = k(1-\cos\eta)[\rho\sigma^2 - 2(P^2+\beta^2)] \times$$

$$\left(\frac{\rho\sigma^2(P^2+\beta^2)^2\{(1+k)[\rho\sigma^2+2(1+2k\cos\eta)(P^2+\beta^2)]+(1+k\cos\eta)[\rho\sigma^2+2(1+2k)(P^2+\beta^2)]\}}{4[\rho\sigma^2+2(1+2k)(P^2+\beta^2)]^2\times[\rho\sigma^2+2(1+2k\cos\eta)(P^2+\beta^2)]^2} + \frac{\rho\sigma^2\beta\delta}{[\rho\sigma^2+2(1+2k)(P^2+\beta^2)]\times[\rho\sigma^2+2(1+2k\cos\eta)(P^2+\beta^2)]}\right)$$

发现，有 $Eu_2 > Eu_3$，说明企业与政府之间建立的政治关联会降低企业效用。当外界环境变动较大即 $\sigma^2 > \frac{2(P^2+\beta^2)}{\rho}$时，有 $Ev_2 > Ev_3$；而当外界环境变动较小即 $\sigma^2 < \frac{2(P^2+\beta^2)}{\rho}$时，有 $Ev_2 < Ev_3$。表明，当外界环境变动较大时，在政治关联情形下政府效用更低。反之，当外界环境变动较小时，在政治关联情形下政府效用更高。简而言之，当外界环境较为稳定时，政府可以通过与企业建立政治关联，来降低企业社会责任缺失水平，进而增加政府效用。

第六节 算例

根据前文分析，可以发现以下两点。第一，当社会各界希望企业履行的社会责任较多时，企业确实存在社会责任缺失行为，但不会完全逃避承担社会责任。此时，企业效用增加，政府效用降低。第二，当外界环境变动较小时，政治关联可以降低企业社会责任缺失水平，提高政府效用；反之，当外界环境变动较大时，政治关联将提高企业社会责任缺失水平，降低政府效用。

为了对研究结论有更直观的认识，运用 Mathmatica 8 软件进行数值模拟分析，各参数设置如下：$P=2$，$\beta=1$，$\delta=2$，$A=2$，$\rho=1$，$\partial=0$，$C=0$。在上述参数设置下，利益分配比 $r_1=\frac{6+4k}{\sigma^2+8+16k}$，$r_2=\frac{5(1+k)}{\sigma^2+10(1+2k)}$，$r_3=\frac{5(1+k\cos\eta)}{\sigma^2+10(1+2k\cos\eta)}$均在（0，1）之间，符合事实，说明参数设置合理。

一　有无社会责任缺失行为的数值模拟分析

本部分主要致力于对比分析有无社会责任缺失行为背景下企业和政府的决策和效用函数，前提条件是存在社会责任缺失的企业，因此本书在社会责任缺失行为存在的条件下进行讨论，即 $A \geqslant \frac{(1+k)\ \beta\rho\sigma^2}{\rho\sigma^2+2\ (1+2k)\ (P^2+\beta^2)}$。根据式（4.5）、式（4.6）、式（4.7）、式（4.8）和式（4.16）、式（4.17）、式（4.18）、式（4.19）、式（4.20），以及命题4.1至命题4.7，图4.1至图4.5分别展示了有无社会责任缺失行为下企业—政府的决策和效用函数的数值模拟图。

图4.1展示了利益分配比的数值模拟图。依据式（4.6）和式（4.16），由命题4.1和命题4.4的$\frac{\partial r_1}{\partial\sigma^2}<0$，$\frac{\partial r_2}{\partial\sigma^2}<0$得出，随着外界环境变动程度$\sigma^2$的提高，利益分配比迅速下降。数值模拟中当$\sigma^2>16$时，无社会责任缺失行为下利益分配比（$r_1$）由于$\frac{\partial r_1}{\partial k}>0$，因而随企业公平偏好程度$k$的提高而提高；但当$\sigma^2<16$时，利益分配比（$r_1$）由于$\frac{\partial r_1}{\partial k}<0$，因而随企业公平偏好程度$k$的提高而降低。就社会责任缺失行为下利益分配比（$r_2$）而言，当$\sigma^2>10$时，利益分配比（$r_2$）由于$\frac{\partial r_2}{\partial k}>0$，随公平偏好程度$k$的提高而提高；但当$\sigma^2<10$时，利益分配比（$r_2$）随公平偏好程度$k$的提高而降低。图4.1表明，利益分配比整体呈下降趋势。当外界环境变动较小时，由于利益分配比随公平偏好程度的提高而降低，利益分配比迅速下降；而当外界环境变动较大时，由于利益分配比随公平偏好程度的提高而提高，利益分配比的下降速度减慢。

图4.2展示了企业产量的数值模拟。依据式（4.5）和式（4.18），由命题4.1和命题4.4的$\frac{\partial Q_1}{\partial\sigma^2}>0$，$\frac{\partial Q_2}{\partial\sigma^2}>0$得出，随着外界环境变动程度

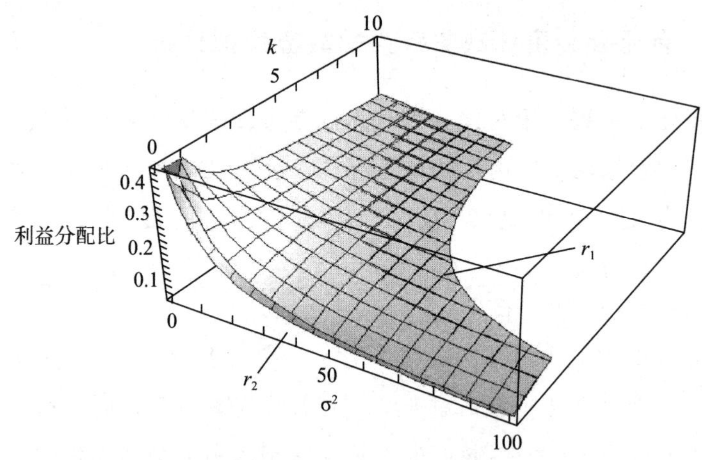

图 4.1 利益分配比的数值模拟

σ^2 的提高，企业产量增加。当数值模拟中 $\sigma^2>16$ 时，无社会责任缺失行为下企业产量（Q_1）由于$\frac{\partial Q_1}{\partial k}>0$，因而随公平偏好程度 k 的提高而提高；但当 $\sigma^2<16$ 时，企业产量（Q_1）由于$\frac{\partial Q_1}{\partial k}<0$，因而随公平偏好程度 k 的提高而降低。就社会责任缺失行为下企业产量（Q_2）而言，当 $\sigma^2>10$ 时，企业产量（Q_2）由于$\frac{\partial Q_2}{\partial k}>0$，因而随公平偏好程度 k 的提高而提高；当 $\sigma^2<10$ 时，企业产量（Q_2）随公平偏好程度 k 的提高而降低。图 4.2 表明，企业产量整体呈上升趋势。当外界环境变动较小时，企业产量仍呈递增趋势，说明外界环境变动对企业产量的促进作用大于公平偏好对企业产量的抑制作用；而当外界环境变动较大时，外界环境变动和公平偏好对企业产量均有促进作用，企业产量迅速增加。

图4.3 显示了企业社会责任缺失行为的数值模拟。依据式（4.17），由命题 4.4 的$\frac{\partial S_2}{\partial \sigma^2}<0$ 得出，随着外界环境变动程度 σ^2 的提高，企业社会责任缺失水平降低。当数值模拟中 $\sigma^2>10$ 时，随着公平偏好程度 k

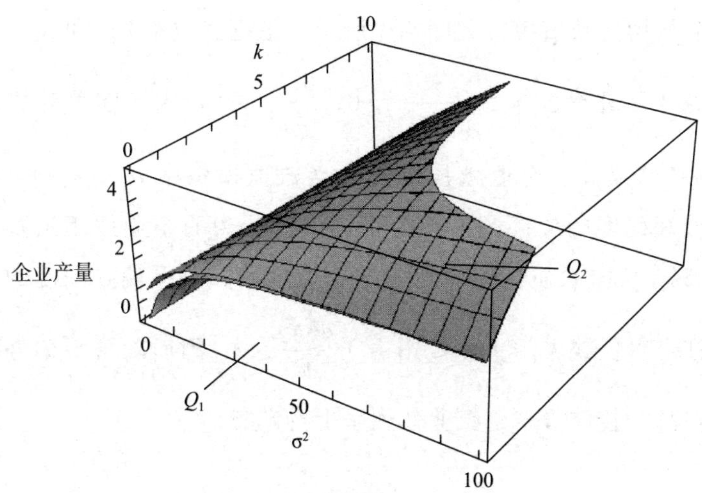

图 4.2　企业产量的数值模拟

的提高，企业社会责任缺失水平降低；反之，当 $\sigma^2<10$ 时，企业社会责任缺失水平随公平偏好程度的提高而提高。图 4.3 表明，企业社会责任缺失行为整体呈下降趋势。在外界环境变动较小时，企业社会责任缺失水平呈下降趋势，但下降速度较为缓慢，这是因为外界环境变动对缺失行为的抑制作用大于公平偏好的促进作用；而当外界环境变动较大时，外界环境变动和公平偏好的提高均会减少企业社会责任缺失行为，此时企业社会责任缺失水平迅速下降。

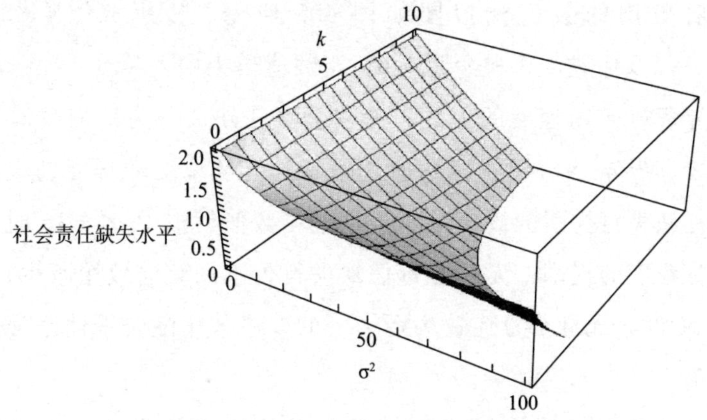

图 4.3　社会责任缺失行为的数值模拟

企业效用的数值模拟如图 4.4 所示。依据式（4.7）和式（4.19），以及命题 4.2 和命题 4.5 的$\frac{\partial Eu_1}{\partial \sigma^2}>0$，$\frac{\partial Eu_2}{\partial \sigma^2}>0$得出，随着外界环境变动程度 σ^2 的提高，企业效用增加。当数值模拟中 $\sigma^2>4-8k$ 时，随着公平偏好程度的提高，无社会责任缺失行为的企业效用增加；但当 $\sigma^2<4-8k$，无社会责任缺失行为的企业效用随公平偏好程度的提高而降低。社会责任缺失的企业效用由于$\frac{\partial Eu_2}{\partial k}>0$，因而随公平偏好程度的提高而提高。整体看来，企业效用呈上升趋势。

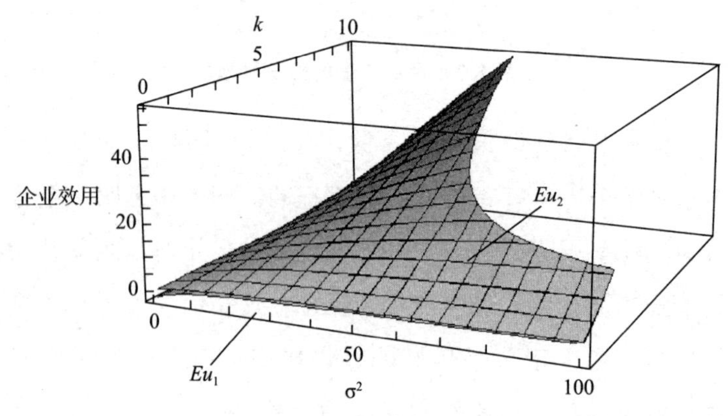

图 4.4　企业效用的数值模拟

政府效用的数值模拟图如图 4.5 所示。依据式（4.8）和式（4.20），以及命题 4.3 和命题 4.6，当数值模拟中 $\sigma^2<8$（$1+2k$）时，随着外界环境变动程度的提高，无社会责任缺失行为下的政府效用减少；反之，当 $\sigma^2>8$（$1+2k$）时，随着外界环境变动程度的提高，无社会责任缺失行为下的政府效用降低。当数值模拟中 $\sigma^2<16$ 时，随着公平偏好程度的提高，无社会责任缺失行为下的政府效用减少；反之，当 $\sigma^2>16$ 时，无社会责任缺失行为下的政府效用随公平偏好程度的提高而提高。

对于社会责任缺失行为下的政府效用而言，由于 $P^2+\beta^2=5<$

$\frac{4\delta\beta\ (1+2k)}{1+k}=8+\frac{8k}{1+k}$，政府效用随外界环境变动程度的提高而提高。当数值模拟中 $\sigma^2<10$ 时，社会责任缺失行为下的政府效用随公平偏好程度的提高而降低；当 $\sigma^2>10$ 时，政府效用则随公平偏好程度的提高而提高。

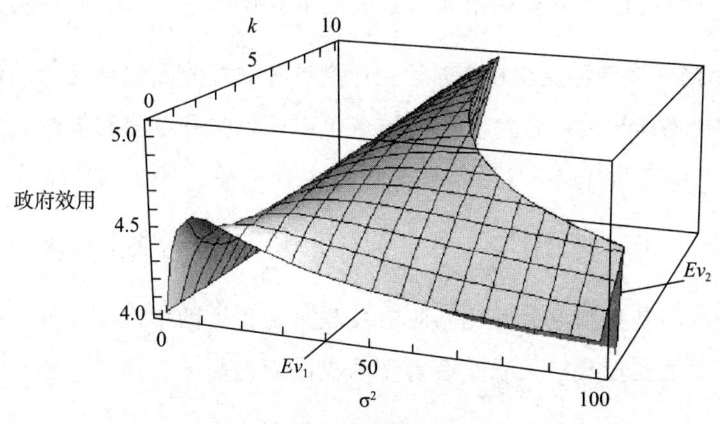

图 4.5　政府效用的数值模拟

对比有无社会责任缺失行为下的数值模拟图 4.1 至图 4.5，验证了命题 4.7。可以发现，企业社会责任缺失行为将提高企业产量和利益分配比对外界环境变动的敏感程度（数值模拟中的分界线由 16 降低到 10），并增加企业效用、损害政府效用。

二　有无政治关联的数值模拟分析

为了更好地比较分析有无政治关联情形下社会责任缺失企业—政府的决策和效用函数的差异，笔者在前文参数设置的基础上，令政治关联 $\eta=\frac{\pi}{4}$，带来的公平偏好扭曲程度为 $\cos\frac{\pi}{4}$。依据式（4.16）、式（4.17）、式（4.18）、式（4.19）、式（4.20）和式（4.23）、式（4.24）、式（4.25）、式（4.26）、式（4.27），以及命题 4.8 至命题 4.11，图 4.6 至图 4.10 分别展示了有无政治关联情形下社会责任缺失的背景下企业—政府的决策和效用函数的数值模拟图。

图 4.6 至图 4.8 分别展示了有无政治关联情形下利益分配比、企业产量和企业社会责任缺失水平的数值模拟图。依据式（4.23）、式（4.24）和式（4.25）及命题 4.8 可知：当 $\sigma^2<10$ 时，政治关联对企业产量、社会责任缺失水平和利益分配比的影响为 $\frac{\partial Q_3}{\partial \eta}>0$，$\frac{\partial S_3}{\partial \eta}<0$，$\frac{\partial r_3}{\partial \eta}>0$。表示当外界环境变动较小时，企业产量和利益分配比随政治关联紧密程度的提高而提高，社会责任缺失水平随政治关联紧密程度的提高而降低。反之，当 $\sigma^2>10$ 时，政治关联对企业产量、社会责任缺失行为和利益分配比的影响为：$\frac{\partial Q_3}{\partial \eta}<0$，$\frac{\partial S_3}{\partial \eta}>0$，$\frac{\partial r_3}{\partial \eta}<0$。当外界环境变动较大时，企业产量和利益分配比随政治关联紧密程度的提高而降低，社会责任缺失水平则随政治关联紧密程度的提高而提高。

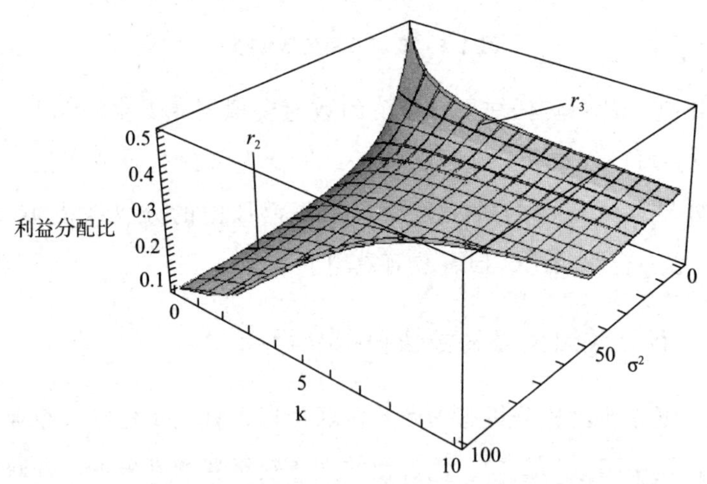

图 4.6　利益分配比的数值模拟

依据式（4.26）和命题 4.9，图 4.9 展示了政治关联企业效用函数的数值模拟图。由于政治关联程度 η 对政治关联企业效用的影响作用为 $\frac{\partial Eu_3}{\partial \eta}<0$，企业效用随政治关联紧密程度的提高呈下降趋势。这说明，

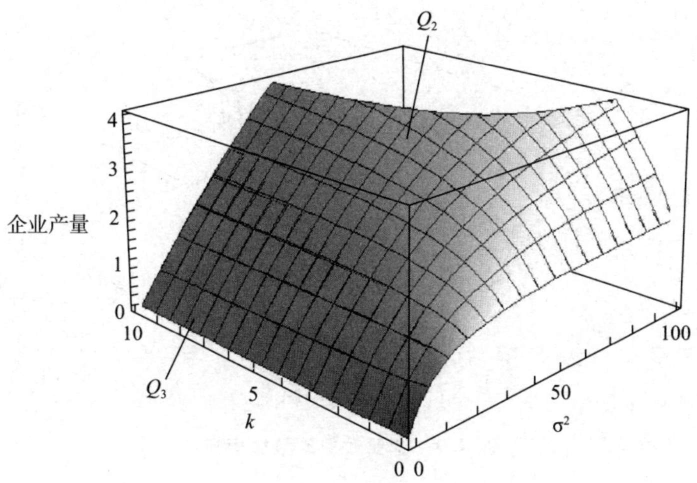

图 4.7　企业产量的数值模拟

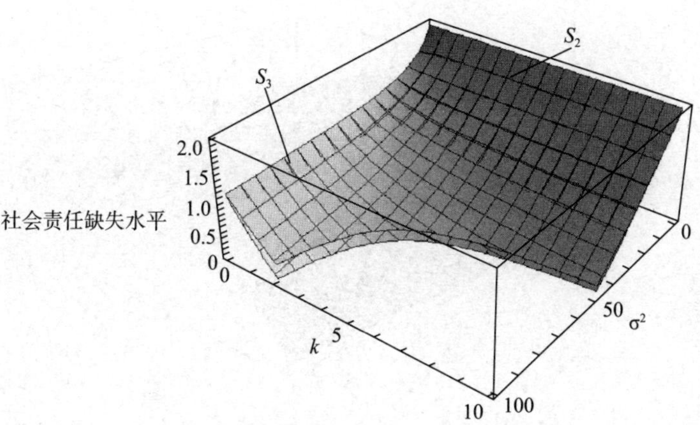

图 4.8　社会责任缺失行为的数值模拟

与政府建立政治关联并不能提高企业效用。

依据式（4.27）式和命题 4.10，图 4.10 展示了政治关联情形下政府效用的数值模拟图。当外界环境变动较小即 $\sigma^2 < 10$ 时，有 $\frac{\partial Ev_3}{\partial \eta} > 0$。这表明，当外界环境变动较小时，政府效用随政治关联紧密程度的提高而提高；而当外界环境变动较大即 $\sigma^2 > 10$ 时，$\frac{\partial Ev_3}{\partial \eta} < 0$，即当外界

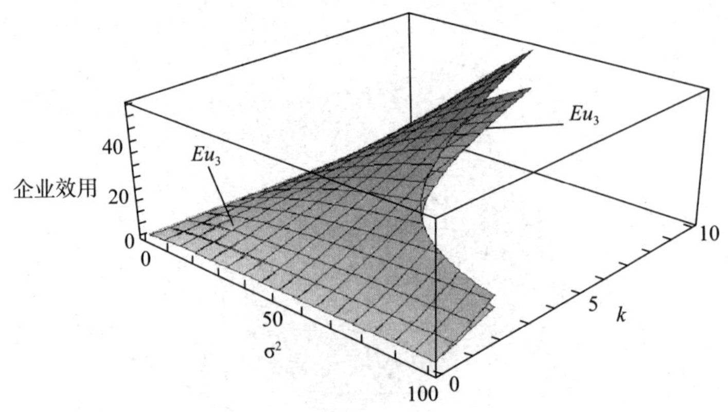

图 4.9　企业效用的数值模拟

环境变动较大时，政府效用随政治关联紧密程度的提高而降低。

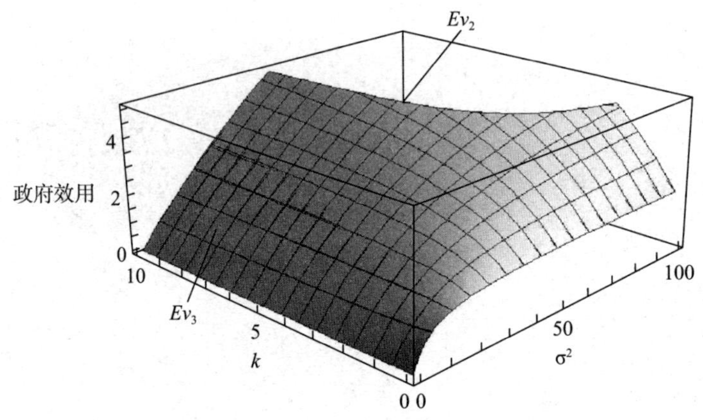

图 4.10　政府效用的数值模拟

对比有无政治关联情形下的数值模拟图，命题 4.11 得到验证。可以发现，在外界环境变动较小时，政治关联企业具有更低的社会责任缺失水平和效用，政府效用增加；而当外界环境变动较大时，政治关联企业具有更高的社会责任缺失水平，此时企业和政府的效用更低。简而言之，在外界环境变动较小时，政府可以采用政治关联的方式来降低企业社会责任缺失水平、提高政府效用。

第七节 本章小结

本章基于公平偏好假设，构建有无社会责任缺失行为下企业和政府的博弈模型，深入探讨了企业履行社会责任过程中缺失行为的决策依据和影响效应，并拓展研究政治关联对企业社会责任缺失水平的影响。主要研究结论有以下四点。第一，当社会各界希望企业履行的社会责任较多时，企业将在履行社会责任过程中采取缺失行为，即逃避承担部分社会责任。第二，外界环境变动程度的提高将降低企业社会责任缺失水平，而企业公平偏好程度对社会责任缺失水平的影响受外界环境变动的调节。当外界环境变动较小时，企业社会责任缺失水平随公平偏好程度的提高而提高；反之，当外界环境变动较大时，企业社会责任缺失水平随公平偏好程度的提高而降低。第三，企业在履行社会责任过程中采取缺失行为可以提高企业效用，但损害政府效用。第四，在外界环境变动较小时，政治关联可以降低企业社会责任缺失水平、提高政府效用；而在外界环境变动较大时，政治关联将提高企业社会责任缺失水平、降低政府效用。

综上，在一定条件下，企业倾向于实施社会责任缺失行为，以提高企业效用，但损害政府效用。当外界环境变动较小时，政府可以采用政治关联的方式来降低企业社会责任缺失水平，进而避免社会责任缺失行为带来的效用损失。这一系列研究克服了相关数据难以获得的局限性，充分揭示了企业社会责任缺失行为的决策依据和影响效应，并从政治关联的角度为缓解社会责任缺失问题提供了具体、可操作的指导建议。

第五章

企业履行社会责任过程中伪善行为对经营绩效的影响

第四章研究了企业履行社会责任过程中缺失行为对经营绩效的影响作用。在现实生活中，一些企业虽然未履行那么多的社会责任，但乐于把自己塑造成积极承担社会责任的组织，即存在“言行不一”的伪善行为（Fassin and Buelens，2011）。究竟企业在履行社会责任过程中采取伪善行为的决策依据是什么？企业伪善行为会对经营绩效产生什么影响，以及如何避免该行为的发生？本章将针对上述问题展开讨论。

第一节　问题的提出

企业履行社会责任过程中的伪善行为已经成为一种全球性的普遍现象，它是指企业对外宣称或承诺的社会责任大于企业实际履行的社会责任（Wagner，et al.，2009）。商务部新闻办公室公布的《外商投资企业、跨国企业和港澳台企业向灾区捐款捐物表》（简称“捐赠表”）指出，沃尔玛（中国）投资有限公司等 11 家企业对汶川地震灾区的实际捐款金额（1553.453 万元）远远低于它们对外承诺的捐款金额（1.9545 亿元），一些企业甚至没有任何实际捐赠。

这些企业的伪善行为对社会福利增进、社会秩序重构和企业社会责任运动的健康持续发展等产生了不可忽视的消极影响，企业社会责任的正当性和存在合理性更是因此而受到前所未有的质疑（Alves，2009；Parguel，B.，et al.，2011；肖红军等，2013）。然而，企业履行社会责任过程中的伪善问题并没有受到学者们的广泛关注，相关研究十分匮乏。少有文献也主要从定性的角度解析了企业伪善行为的内涵、动因、影响因素及改善方案（Fassin and Buelens，2011；Parguel，B.，et al.，2011；Christensen，L. T.，et al.，2013；樊帅等，2014；王静一、王海忠，2014；Ojasoo，M.，2016；骆紫薇等，2017），缺乏系统性的深入研究，不能全面了解企业为何实施伪善行为及其带来的影响效应，更难言有效解决这一问题。为此，有必要先探讨企业伪善行为的决策依据和影响效应是什么，这样才能“对症下药”企业伪善问题。

在关于企业伪善行为的现有研究中，已经出现了政府干预能抑制企业伪善行为的思想。例如，肖红军等（2013）分别从动机层面和言行分离层面对企业伪社会责任的内涵进行了界定，并表示外部治理的重点是加强政府防范和干预，以消除企业实施伪社会责任行为的机会。程雁蓉和胡欢（2014）认为应构建立法与政府管制机制来避免企业伪善行为的发生。虽然在相关研究中出现了这些思想，但是没有详细说明政府应如何制定政策、处理与市场的关系，缺乏对解决对策和实施效果的深入讨论，且较少关注作为政府干预市场活动方式之一的政治关联。其中，存在两种相互竞争的观点：“政治干预”和“关系”（杜兴强等，2009）。厘清政治关联对企业伪善行为的解决效果仍是一个值得深入探讨的研究命题。

本书克服相关数据难以获得的局限性，通过构建有无伪善行为下企业和政府的博弈模型，深入考察企业在履行社会责任过程中采取伪善行为的决策依据及其影响效应，并进一步探讨政治关联对企业伪善行为的影响，为促进企业社会责任的健康可持续发展提供理论基础。

第二节　基本模型设定

一　模型假设

为了分析企业履行社会责任过程中伪善行为的决策依据和影响效应，本书构建由一个企业和一个政府构成的博弈模型，并做出以下假设。

假设1：企业与政府之间具有利益相关性，且企业为风险中性，政府为风险规避型；企业具有纵向公平偏好，以收入分配作为公平的外在感知源。

假设2：企业对外承诺或宣称履行的社会责任为 A，但企业实际履行的社会责任为 $A-h$，此时企业伪善程度表达为 h（企业承诺履行的社会责任与实际行为之间的偏差程度），且 $h \geqslant 0$。

Wagner 等（2009）基于社会责任的视角对企业伪善进行了概念界定，认为伪善是指企业表面上表现得具有较高的社会责任觉悟，但在社会责任实践过程中并未履行那么多社会责任，即企业实际履行的社会责任低于企业对外宣称或承诺的社会责任。因此，假定企业对外宣称或承诺履行的社会责任为 A，但企业实际履行的社会责任为 $A-h$。其中，$h \geqslant 0$ 表示企业伪善水平，即企业承诺履行的社会责任与实际行为之间的偏差程度。

假设3：政府分配得到的收入函数为 $S_1(\pi)=r\times(PQ+\beta A+\theta)$，$r$ 为政府制定的利益分配比。政府认为企业分配得到的收入函数为 $(1-r)\times(PQ+\beta A+\theta)$，而企业实际分配得到的收入函数为 $S_2(\pi)=PQ_1+\beta(A-h)+\theta-r\times(PQ+\beta A+\theta)$。

政府认为企业收入函数为 $\pi=PQ+\beta A+\theta$。其中，P 为企业产品的价格，Q 为企业产品的销售量，β 表示企业履行社会责任所带来的收入提升，A 表示企业对外宣称或承诺的社会责任，θ 是影响企业收入的随机扰动因素，服从正态分布，且均值为0、方差为 σ^2。若企业履行社会责任过程中实施伪善行为，即企业并未投入那么多的资源用于社会责任实践活动，其将对资源进行重新分配，此时企业的真实收入函数为 $\pi_1 = PQ_1 + \beta(A-h) + \theta$，其中 Q_1 为伪善企业的真实产量。

樊帅等（2014）表示奖励、良好声誉和合法性等组织因素将促使企业在履行社会责任时采取伪善行为，但一旦利益相关者感知到企业的伪善行为，将对伪善企业进行更严厉的惩罚（Janney and Gove，2011；高英，2017），故假定伪善企业倾向于给予政府与无伪善行为下相同的利益分配和固定收益，以避免政府察觉到其伪善行为。此时，政府分配得到的收入为 $S_1(\pi) = r \times (PQ + \beta A + \theta)$，其中 r 为政府制定的利益分配比。政府认为企业分配得到的收入函数为 $(1-r) \times (PQ + \beta A + \theta)$，而企业实际分配得到的收入函数为 $S_2(\pi) = PQ_1 + \beta(A-h) + \theta - r \times (PQ + \beta A + \theta)$。

假设4：政府的收入函数表达为 $m = \partial + r \times (PQ + \beta A + \theta) + \delta(A-h) - C$；伪善企业的利润函数为 $n = PQ_1 + \beta(A-h) + \theta - r \times (PQ + \beta A + \theta) - \frac{1}{2}Q_1^{\ 2} - \frac{1}{2}(A-h)^2 - \frac{1}{2}\varphi h^2 - \partial$。

伪善企业在生产经营过程中，需承担生产成本 $\frac{1}{2}Q_1^{\ 2}$、社会责任实践活动的成本 $\frac{1}{2}(A-h)^2$、向政府支付的固定费用 ∂，以及企业伪善行为的虚假宣传和掩盖成本 $\frac{1}{2}\varphi h^2$，其中，$\varphi \geqslant 0$ 表示企业伪善行为的虚假宣传和掩盖成本系数。政府提供基础设施建设等公共服务的成本为 C。企业社会责任实践活动具有正外部性，而“谎报”的社会责任并不能对社会产生正向的溢出效应，故假定伪善企业为政府带来 $\delta(A-h)$ 的溢出效应，其中 $\delta \geqslant 0$ 为企业社会责任的溢出系数。

结合上述假设，政府的收入函数可以表达为 $m=\partial+r\times(PQ+\beta A+\theta)+\delta(A-h)-C$；伪善企业的利润函数为 $n=PQ_1+\beta(A-h)+\theta-r\times(PQ+\beta A+\theta)-\frac{1}{2}{Q_1}^2-\frac{1}{2}(A-h)^2-\frac{1}{2}\varphi h^2-\partial$。

二　模型说明

如前文所述，参与者并非完全理性且具有公平偏好，即人们在关注自身收益的同时，还会关心收益分配是否公平（Fehr and Schmidt, 1999；魏光兴，2006），并以收益分配作为公平偏好外在感知源（傅强、朱浩，2014）。本书考虑到公平偏好的影响，将企业效用函数改写为如下表达式：

$$Eu=n-k_1\max\{[S_1(\pi)-S_2(\pi)],0\}+k_2\max\{[S_2(\pi)-S_1(\pi)],0\}$$

其中，n 为企业的利润函数，第二项描述了不利于企业的不公平分配所带来的效用损失，即当政府分配得到的收入高于企业分配得到的收入时，企业嫉妒偏好带来的效用损失量。第三项则表示有利于企业的不公平分配所带来的效用提升，即当企业分配得到的收入高于政府分配得到的收入时，企业自豪偏好带来的效用增加量。$S_1(\pi)$ 和 $S_2(\pi)$ 分别表示政府和企业分配得到的收入函数，k_1 和 k_2 则分别度量了企业嫉妒偏好和自豪偏好程度的大小。为了方便计算，本文令 $k_1=k_2=k$ 来表示企业公平偏好程度的高低，k 越大表示企业公平偏好程度越高，即收入分配不公平对企业效用的影响就越大，反之则越小。当 $k=0$ 时，意味着企业仅关注自身收益，即回到了完全理性的情形。考虑纵向公平偏好影响的修正后，企业效用函数改写为：$Eu=n+k[S_2(\pi)-S_1(\pi)]$。

基于上述分析，笔者将伪善企业的利润函数 n，以及政府和企业分配得到的收入函数 $S_1(\pi)$ 和 $S_2(\pi)$，代入修正后的伪善企业效用函数中，可得：

$$Eu_1 = PQ_1 + \beta(A-h) + \theta - r \times (PQ + \beta A + \theta) - \frac{1}{2}Q_1{}^2 - \frac{1}{2}(A-h)^2 - \frac{1}{2}\varphi h^2 - \partial$$
$$+ k[PQ_1 + \beta(A-h) + \theta - 2r \times (PQ + \beta A + \theta)]$$
$$= (1+k)[PQ_1 + \beta(A-h)] - (1+2k) \times r(PQ + \beta A) - \frac{1}{2}Q_1{}^2 - \frac{1}{2}(A-h)^2 - \frac{1}{2}\varphi h^2 - \partial \tag{5.1}$$

根据假设1，政府具有风险规避的特性，存在风险成本，其追逐的不是经济收入最大化，而是经济收入所带来的效用最大化。定义政府在不确定条件下随机效用的确定性等价收入为 v，政府的效用函数为 $u(m) = K - e^{-\rho m}$，其中 K 为较大的正数，m 为政府的收入函数，ρ 为政府的风险规避度，且 $\rho = -\frac{u''}{u'}$。政府获得确定性等价收入 v 所带来的效用水平等于它在不确定条件下的期望值，即：

$$Em = \int_{-\infty}^{+\infty} (K - e^{-\rho m}) \frac{1}{\sqrt{2\pi}\sigma} e^{-\frac{\theta^2}{2\sigma^2}} \mathrm{d}\theta$$
$$= K - \int_{-\infty}^{+\infty} e^{-\rho[\partial + r \times (PQ + \beta A + \theta) + \delta(A-h) - C]} \frac{1}{\sqrt{2\pi}\sigma} e^{-\frac{\theta^2}{2\sigma^2}} \mathrm{d}\theta$$
$$= K - e^{-\rho[\partial + r \times (PQ + \beta A) + \delta(A-h) - C] + \frac{1}{2}\rho^2 r^2 \sigma^2} \int_{-\infty}^{+\infty} \frac{1}{\sqrt{2\pi}\sigma} e^{-\frac{(\theta + \rho r \sigma^2)^2}{2\sigma^2}} d\theta$$
$$= K - e^{-\rho[\partial + r \times (PQ + \beta A) + \delta(A-h) - C - \frac{1}{2}\rho r^2 \sigma^2]}$$
$$= K - e^{-\rho v} = Ev$$

得到确定性等价收入：

$$v_1 = \partial + r(PQ + \beta A) + \delta(A-h) - C - \frac{1}{2}\rho r^2 \sigma^2 \tag{5.2}$$

第三节　社会责任伪善行为下企业和政府的博弈模型

本书首先考虑无社会责任伪善行为下企业和政府的博弈模型，即当企业没有违背其承诺时，企业和政府的最优决策和效用函数是什么。然后，深入探讨有社会责任伪善行为下企业和政府的博弈模型，并进行比较分析，以厘清企业履行社会责任过程中伪善行为的决策依据和影响效应。

根据上述模型假设和模型说明，无伪善行为的企业效用函数为：

$$\begin{aligned} Eu &= (1-r)\times(PQ+\beta A)-\frac{1}{2}Q^2-\frac{1}{2}A^2-\partial+k_2\max\{[S_2(\pi)-S_1(\pi)],0\} \\ &\quad -k_1\max\{[S_1(\pi)-S_2(\pi)],0\} \\ &= (1-r)\times(PQ+\beta A)-\frac{1}{2}Q^2-\frac{1}{2}A^2-\partial+k(1-2r)\times(PQ+\beta A) \end{aligned} \tag{5.3}$$

政府的期望效用函数可以表达为：

$$Ev=\partial+r\times(PQ+\beta A)+\delta A-C-\frac{1}{2}\rho\sigma^2r^2 \tag{5.4}$$

政府倾向于选择一个最优的利益分配比使得等价期望效用函数 Ev 最大化。对式（5.4）求关于 r 的偏导，可知：

$$r=\frac{PQ+\beta A}{\rho\sigma^2} \tag{5.5}$$

这说明，当企业履行 A 的社会责任时，政府倾向于制定 $r=\dfrac{PQ+\beta A}{\rho\sigma^2}$ 的利益分配比。将最优利益分配比代入无伪善行为的企业效用函数式（5.3），求关于 Q 的偏导，可以得到无伪善行为的企业最优产量函数：

$$Q=\frac{(1+k)P\rho\sigma^2-2(1+2k)P\beta A}{\rho\sigma^2+2(1+2k)P^2} \tag{5.6}$$

将式（5.6）代入式（5.5），可以得到无伪善行为下最优利益分配比的表达式：

$$r=\frac{(1+k)P^2+\beta A}{\rho\sigma^2+2(1+2k)P^2} \tag{5.7}$$

此时，无伪善行为下企业和政府的效用函数可以表达为：

$$Eu=\frac{\rho\sigma^2(1+k)^2P^2+2A\rho\sigma^2\beta(1+k)-A^2[\rho\sigma^2+2(1+2k)(P^2+\beta^2)]}{2[\rho\sigma^2+2(1+2k)P^2]}-\partial \quad (5.8)$$

$$Ev=\frac{\rho\sigma^2[(1+k)P^2+A\beta]^2}{2[\rho\sigma^2+2(1+2k)P^2]^2}+\delta A+\partial-C$$

$$=\frac{2A(\rho\sigma^2)^2\delta+8A(1+2k)^2P^4\delta+\rho\sigma^2[(1+k)^2P^4+A^2\beta^2+2AP^2(\beta+k\beta+4\delta+8k\delta)]}{2[\rho\sigma^2+2(1+2k)P^2]^2}+\partial-C$$

(5.9)

根据前文的模型假设2和3可知，伪善企业倾向于给予政府与无社会责任伪善行为下相同的利益分配和固定收益，并从事相关的虚假宣传和掩盖活动，以避免政府察觉到其伪善行为，其中 h 代表企业伪善水平。此时，伪善企业的效用函数可以改写为：

$$Eu_1=(1+k)[PQ_1+\beta(A-h_1)]-(1+2k)\times r(PQ+\beta A)-\frac{1}{2}Q_1{}^2-\frac{1}{2}(A-h_1)^2-\frac{1}{2}\varphi h_1{}^2-\partial$$

(5.10)

政府的期望效用函数则为：

$$Ev_1=\partial+r\times(PQ+\beta A)+\delta(A-h_1)-C-\frac{1}{2}\rho r^2\sigma^2 \quad (5.11)$$

将利益分配比 r 代入伪善企业的效用函数式（5.10），分别求关于产量 Q_1 和伪善水平 h_1 的偏导，可知伪善企业的真实产量和伪善水平为：

$$Q_1=(1+k)P \quad (5.12)$$

$$h_1=\frac{A-(1+k)\beta}{\varphi+1} \quad (5.13)$$

将式（5.12）和式（5.13），分别代入企业和政府的期望效用函数式（5.10）和式（5.11），有：

$$Eu_1=\frac{1}{2}(1+k)^2P^2-\frac{(1+2k)\rho\sigma^2[(1+k)P^2+\beta A]^2}{[\rho\sigma^2+2(1+2k)P^2]^2}+\frac{2(1+k)\beta\varphi A+(1+k)^2\beta^2-\varphi A^2}{2(1+\varphi)}-\partial$$

(5.14)

$$Ev_1 = \frac{\rho\sigma^2 [(1+k)P^2 + A\beta]^2}{2[\rho\sigma^2 + 2(1+2k)P^2]^2} + \frac{\delta[(1+k)\beta + \varphi A]}{1+\varphi} + \partial - C \quad (5.15)$$

命题 5.1：相较于无伪善行为的企业，伪善企业将生产更多的产品。伪善企业的真实产量随企业公平偏好程度的提高而提高。

相关证明如下：对比无伪善行为企业的产量式（5.6）和伪善企业的真实产量式（5.12），有

$$Q_1 - Q = \frac{2(1+2k)P \times [(1+k)P^2 + \beta A]}{2(1+2k)P^2 + \rho\sigma^2} > 0, \quad \frac{\partial Q_1}{\partial k} = P > 0$$

容易得知，相较于无伪善行为的企业，伪善企业的产量更高，且伪善企业的真实产量随企业公平偏好程度的提高而增加。这可能是因为，伪善企业减少了社会责任实践活动的开支，将投入更多的资源用于生产经营活动。

命题 5.2：当企业对外承诺或宣称履行的社会责任越多时，企业确实存在伪善行为，且企业伪善水平随企业公平偏好程度和伪善行为掩盖成本的提高而降低。

证明：根据企业伪善水平的表达式（5.13）可知，当企业对外承诺或宣称履行的社会责任 A 大于一定数值即：$A \geq (1+k)\beta$ 时，企业将在履行社会责任过程中采取伪善行为即 $h_1 \geq 0$。对企业伪善水平式（5.13）求偏导，有 $\frac{\partial h_1}{\partial A} > 0$。这说明，当企业对外承诺或宣称履行的社会责任较多时，企业可能无法实现当时的承诺，将在履行社会责任过程中采取“言行不一”的伪善行为。

对企业伪善水平式（5.13）求关于企业公平偏好程度的偏导，有 $\frac{\partial h_1}{\partial k} < 0$。这表明，企业伪善水平随公平偏好程度的提高而降低。这可能是因为，在意收益分配是否公平的管理者往往更信守承诺和尊重公平。

对企业伪善水平式（5.13）求伪善行为的虚假宣传和掩盖成本系数的

偏导，有$\frac{\partial h_1}{\partial \varphi}<0$。这说明，企业伪善水平随企业伪善行为的虚假宣传和掩盖成本的提高而降低。原因在于，随着伪善行为的虚假宣传和掩盖成本的提高，企业伪善行为带来的效用增加将不足以弥补伪善行为的虚假宣传和掩盖成本，使得企业逐渐丧失在履行社会责任过程中采取伪善行为的动力。

命题 5.3：伪善行为可以提高企业效用，但损害政府效用。

证明如下：对比有无社会责任伪善行为下企业和政府的效用函数，即式（5.8）和式（5.14），以及式（5.9）和式（5.15），有：

$$Eu_1 - Eu = (1+k)[PQ_1 + \beta(A-h_1)] - \frac{1}{2}Q_1{}^2 - \frac{1}{2}(A-h_1)^2 - \frac{1}{2}\varphi h_1{}^2 - (1+k)(PQ+\beta A)$$

$$+\frac{1}{2}Q^2 + \frac{1}{2}A^2 = \frac{1}{2}(Q_1 - Q)2 + \frac{1}{2}(\varphi+1)h_1{}^2 \geqslant 0,$$

$$Ev_1 - Ev = -\delta h_1 < 0$$

容易发现，相较于无伪善行为的企业，伪善企业的效用更高，但政府效用更低。这说明，企业可能受经济利益的驱使，在履行社会责任过程中采取伪善行为。

第四节　政治关联对企业社会责任伪善行为的影响

前文研究发现，当企业对外承诺或宣称履行的社会责任较多时，企业在履行社会责任过程中将采取伪善行为，以提高企业效用，但损害政府效用。这一研究结论得到了学者们的支持，认为伪善行为将损害政府效用，引发一系列社会问题，并不利于经济、社会的可持续发展（Parguel，B.，et al.，2011；肖红军等，2013）。如何避免企业伪善行为的产生，引导企业履行社会责任成为当前研究的重点。

政治关联现象极为普遍，对企业行为的影响存在两种竞争性的观点："关系"和"政治干预"（逯东等，2013）。一方面，政治关联可以提高企业竞争力，帮助企业获取更多的银行贷款、行业准入权等（Khwaja and Mian，2005；罗党论、刘晓龙，2009；Haveman，et al.，2013)；另一方面，政治关联可以作为政府干预市场活动的手段，将限制和约束企业行为（Boubakri，N.，et al.，2008）。那么，就企业伪善行为而言，政治关联到底发挥了什么影响作用？政府能否通过建立政治关联的方式达到降低企业伪善水平的目的？本书在探讨企业伪善行为的决策依据和影响效应的基础上，将政治关联纳入研究框架，进一步分析政治关联对企业伪善水平的影响作用。

本书设定，相较于非政治关联企业，政治关联企业的公平偏好程度由 k 降低为 $k\cos\eta$，其中 $\eta \in \left[0, \frac{\pi}{2}\right]$。

此时，政治关联企业的期望效用函数可以改写为：

$$Eu_2 = (1 + k\cos\eta)[PQ_2 + \beta(A - h_2)] - (1 + 2k\cos\eta) \times r(PQ + \beta A) - \frac{1}{2}Q_2^{\ 2} - \frac{1}{2}(A - h_2)^2 - \frac{1}{2}\varphi h_2^{\ 2} - \partial \tag{5.16}$$

政府的期望效用函数则为：

$$Ev_2 = \partial + r \times (PQ + \beta A) + \delta(A - h_2) - C - \frac{1}{2}\rho r^2\sigma^2 \tag{5.17}$$

根据前文的分析逻辑，对政治关联企业的期望效用函数式（5.16）分别求企业产量和伪善水平的偏导，有：

$$Q_2 = (1 + k\cos\eta)P \tag{5.18}$$

$$h_2 = \frac{A - (1 + k\cos\eta)\beta}{\varphi + 1} \tag{5.19}$$

将利益分配比式（5.7）、政治关联企业的真实产量式（5.18）和伪善水平式（5.19），代入政治关联企业和政府的期望效用函数式（5.16）和式（5.17）。可得：

$$Eu_2 = \frac{2(1 + k\cos\eta)\beta\varphi A + (1 + k\cos\eta)^2\beta^2 - \varphi A^2}{2(1 + \varphi)} - \frac{(1 + 2k\cos\eta)\rho\sigma^2\left[(1 + k)P^2 + \beta A\right]^2}{\left[\rho\sigma^2 + 2(1 + 2k)P^2\right]^2}$$

$$+\frac{1}{2}(1+k\cos\eta)^2P^2-\partial \tag{5.20}$$

$$Ev_2=\frac{\rho\sigma^2\left[(1+k)P^2+A\beta\right]^2}{2\left[\rho\sigma^2+2(1+2k)P^2\right]^2}+\frac{\delta[(1+k\cos\eta)\beta+\varphi A]}{1+\varphi}+\partial-C \tag{5.21}$$

命题 5.4：相较于社会责任伪善的非政治关联企业，政治关联企业生产的产品更少，且企业产量随政治关联紧密程度的提高而降低。

证明如下：对比有无政治关联情形下，伪善企业的真实产量函数式（5.12）和式（5.18），有：

$$Q_2-Q_1=Pk(\cos\eta-1)<0,\quad 且\frac{\partial Q_2}{\partial\eta}=-kP\sin\eta<0$$

可以发现，相较于社会责任伪善的非政治关联企业，政治关联企业将生产更少的产品，且企业产量随政治关联紧密程度的提高而降低。原因在于，较非政治关联企业，政治关联企业需投入部分资源和精力用于维系与政府的关系，将投入更少的资源用于生产经营活动。

命题 5.5：相较于社会责任伪善的非政治关联企业，政治关联企业在履行社会责任过程中将采取更多的伪善行为，且企业伪善水平随政治关联紧密程度的提高而提高。

证明：对比有无政治关联情形下企业伪善水平，即对比式（5.13）和式（5.19），有：

$$h_2-h_1=\frac{\beta k(1-\cos\eta)}{1+\varphi}>0,\quad 且\frac{\partial h_2}{\partial\eta}=\frac{k\beta}{\varphi+1}\sin\eta>0$$

可以发现，政治关联企业的伪善水平比非政治关联企业的伪善水平更高，且企业伪善水平随政治关联紧密程度的提高而提高。这表明，政治关联非但不能降低企业伪善水平，反而还起到促进作用。这可能是因为，就企业伪善行为而言，政治关联发挥了“关系”的作用，可以掩饰企业履行社会责任过程中的伪善行为。

命题 5.6：当外界环境变动 $\rho\sigma^2>t_2$ 或 $\rho\sigma^2<t_1$ 时，政治关联企业的

效用随政治关联紧密程度的提高而降低；反之，当外界环境变动 $t_1 \leqslant \rho\sigma^2 \leqslant t_2$ 时，政治关联企业的效用随政治关联紧密程度的提高而增加。

相关证明如下：对政治关联企业的效用函数式（5.20）求政治关联紧密程度（η）的偏导，得：

$$\frac{\partial Eu_2}{\partial \eta}=\left\{\frac{2\rho\sigma^2\left[(1+k)P^2+\beta A\right]^2}{\left[\rho\sigma^2+2(1+2k)P^2\right]^2}-P^2(1+k\cos\eta)-\frac{\beta^2(1+k\cos\eta)+\beta\varphi A}{1+\varphi}\right\}k\sin\eta$$

可以发现，政治关联对企业效用函数的影响作用受外界环境变动的调节。当外界环境变动较大或较小即 $\rho\sigma^2>t_2$ 或 $\rho\sigma^2<t_1$ 时，有 $\frac{\partial Eu_2}{\partial \eta}<0$，即企业与政府之间的政治关联越紧密，企业效用就越低；而当外界环境变动 $t_1 \leqslant \rho\sigma^2 \leqslant t_2$ 时，有 $\frac{\partial Eu_2}{\partial \eta}>0$，表明企业效用随政治关联紧密程度的提高而增加。其中：

$$t_2=\frac{\begin{array}{c}A^2\beta^2-2P^2\beta\left[\beta+2k\beta+A(-1-k+k\phi)\right]+A^2\beta^2\phi+(-1-2k+k^2)\\ P^4(1+\phi)-2k(1+2k)P^2\left[\beta^2+P^2(1+\phi)\right]\cos\eta\end{array}+\sqrt{-\left[(1+k)P^2+A\beta\right]^2(1+\phi)\left\{\begin{array}{l}-(-3-6k+k^2)P^4(1+\phi)-A^2\beta^2(1+\phi)\\+4k(1+2k)P^2\left[\beta^2+P^2(1+\phi)\right]\cos\eta\\+2P^2\beta\left[2(1+2k)\beta+A(-1+\phi-k+3k\phi)\right]\end{array}\right\}}}{P^2(1+\phi)+\beta(\beta+A\phi)+k\left[\beta^2+P^2(1+\phi)\right]\cos\eta},$$

$$t_1=\frac{\begin{array}{c}A^2\beta^2-2P^2\beta\left[\beta+2k\beta+A(-1-k+k\phi)\right]+A^2\beta^2\phi+(-1-2k+k^2)\\ P^4(1+\phi)-2k(1+2k)P^2\left[\beta^2+P^2(1+\phi)\right]\cos\eta\end{array}-\sqrt{-\left[(1+k)P^2+A\beta\right]^2(1+\phi)\left\{\begin{array}{l}-(-3-6k+k^2)P^4(1+\phi)-A^2\beta^2(1+\phi)\\+4k(1+2k)P^2\left[\beta^2+P^2(1+\phi)\right]\cos\eta\\+2P^2\beta\left[2(1+2k)\beta+A(-1+\phi-k+3k\phi)\right]\end{array}\right\}}}{P^2(1+\phi)+\beta(\beta+A\phi)+k\left[\beta^2+P^2(1+\phi)\right]\cos\eta},$$

且 $t_1<t_2$。

命题 5.7：政府效用随政治关联紧密程度的提高而降低。

证明：对政治关联情形下政府效用函数式（5.21）求政治关联紧密程度的偏导，发现：$\frac{\partial Ev_2}{\partial \eta}=-\frac{\delta k\beta}{1+\varphi}\sin\eta<0$。

这说明，政府效用随政治关联紧密程度的提高而降低。

命题 5.8：政治关联在一定条件下可以提高伪善企业的效用，但总会降低政府效用。

证明如下：对比有无政治关联情形下伪善企业的效用函数，即式（5.14）和式（5.20），有：

$$Eu_2 - Eu_1 = k\ (1-\cos\eta)\ \left\{-\frac{[\ (1+\varphi)\ P^2+\beta^2]\ \times\ (2+k+k\cos\eta)}{2\ (1+\varphi)} - \frac{\beta\varphi A}{1+\varphi} + \frac{2\rho\sigma^2[\ (1+k)\ P^2+\beta A]^2}{[\rho\sigma^2+2\ (1+2k)\ P^2]^2}\right\}$$

根据以上内容我们可以发现，当 $\frac{2\rho\sigma^2[\ (1+k)\ P^2+\beta A]^2}{[\rho\sigma^2+2\ (1+2k)\ P^2]^2} \geqslant \frac{[\ (1+\varphi)\ P^2+\beta^2]\ \times\ (2+k+k\cos\eta)}{2\ (1+\varphi)} + \frac{\beta\varphi A}{1+\varphi}$ 时，有 $Eu_2 \geqslant Eu_1$，说明伪善企业与政府建立政治关联有助于提高企业效用；反之，当 $\frac{2\rho\sigma^2[\ (1+k)\ P^2+\beta A]^2}{[\rho\sigma^2+2\ (1+2k)\ P^2]^2} \leqslant \frac{[\ (1+\varphi)\ P^2+\beta^2]\ \times\ (2+k+k\cos\eta)}{2\ (1+\varphi)} + \frac{\beta\varphi A}{1+\varphi}$ 时，有 $Eu_2 \leqslant Eu_1$，表明政治关联并不能提高伪善企业的效用。

对比有无政治关联情形下的政府效用函数，即式（5.15）和式（5.21），有：

$$Ev_2 - Ev_1 = \frac{\delta\beta \times k(\cos\eta - 1)}{1+\varphi} < 0$$

这说明，相比于非政治关联情形下的政府效用，政治关联情形下的政府效用更低。政治关联在一定条件下可以提高伪善企业的效用，但总会损害政府效用。综上，政府并不能通过与企业建立政治关联的方式达到降低企业社会责任伪善水平的目的。

第五节 算例

根据前文分析，可以发现以下两点。第一，当企业对外承诺或宣称履行的社会责任较多时，企业将在履行社会责任过程中采取伪善行为。此时，企业效用提高，政府效用降低。第二，政治关联将提高企业伪善水平，导致政府效用损失量加大。

为了对上述研究结论有更直观的认识，笔者将采用 Mathmatica 8 软件对各情形下企业产量、伪善水平和效用函数进行数值模拟分析。各参数设置如下：$P=2$，$\beta=1$，$\delta=2$，$A=2$，$\rho=1$，$\partial=0$，$C=0$。在上述参数设置下，利益分配比 $r=\frac{6+4k}{\sigma^2+8+16k}$在（0，1）之间，符合事实，说明参数设置合理。

一　有无社会责任伪善行为的数值模拟分析

本部分主要致力于对比分析有无社会责任伪善行为下企业和政府的决策和效用函数，前提条件是存在伪善企业，因此本书在伪善行为存在的条件下进行讨论，即 $\theta_1=\frac{A-(1+k)\beta}{\varphi+1}>0$。根据式（5.6）、式（5.8）、式（5.9）和式（5.12）、式（5.13）、式（5.14）、式（5.15），以及命题 5.1 至命题 5.3，图 5.1 至图 5.3 分别展示了有无社会责任伪善行为下企业—政府的决策和效用函数的数值模拟图。

图 5.1 展示了有无社会责任伪善行为下企业产量的数值模拟。依据式（5.6）和式（5.12），由命题 5.1 的$\frac{\partial Q_1}{\partial k}>0$ 可知，企业产量随企业公平偏好程度的提高而增加。对比有无社会责任伪善行为下企业产量函数可以看出，伪善企业的产量高于无伪善行为的企业产量。

图 5.2 呈现了企业伪善水平的数值模拟图。依据式（5.13）和命题 5.2 的$\frac{\partial h_1}{\partial k}<0$ 得出，随着企业公平偏好程度的提高，企业伪善水平迅速降低，且不受外界环境变动的影响。

图 5.3 和图 5.4 分别展示了有无社会责任伪善行为下企业和政府效

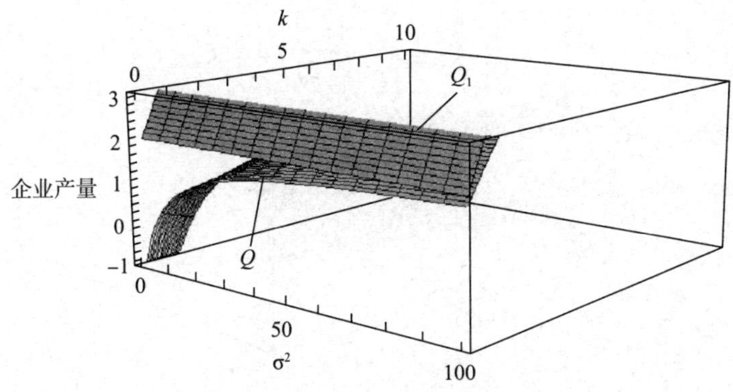

图 5.1　企业产量函数模拟

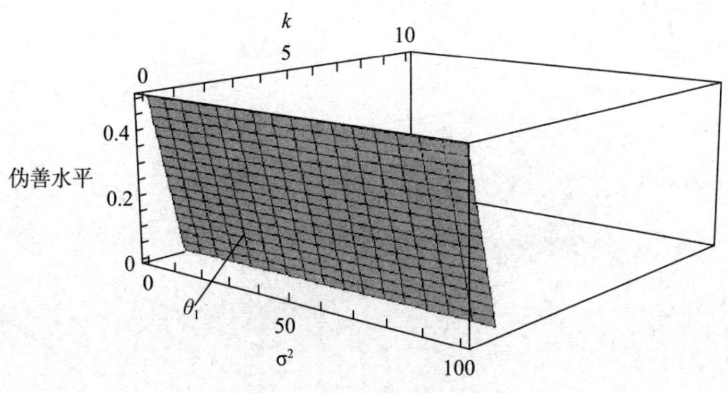

图 5.2　伪善行为函数模拟

用函数的数值模拟图。依据式（5.14）、式（5.15）、式（5.20）、式（5.21）和命题 5.3，企业履行社会责任过程中采取伪善行为的效用高于无伪善行为时的效用，但有伪善行为情形下的政府效用比无伪善行为情形下的政府效用更低。

二　有无政治关联的数值模拟分析

本部分主要展示了有无政治关联情形下伪善企业 - 政府的决策和效用函数的数值模拟图。为了更为直观地观察有无政治关联情形下企业 - 政府的决策和效用函数的差异，笔者在前文参数设置的基础上，令政治

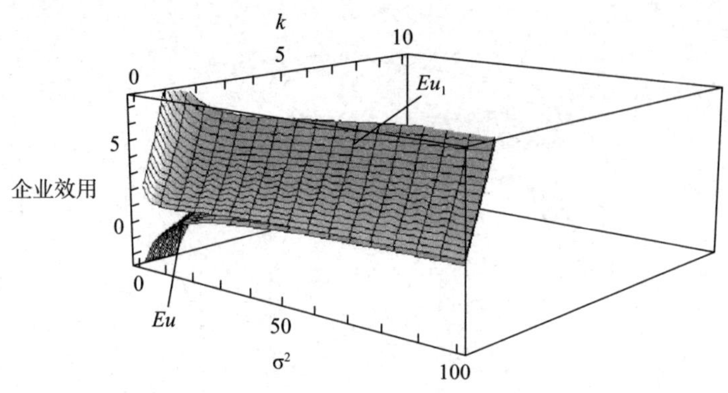

图 5.3　企业效用函数模拟

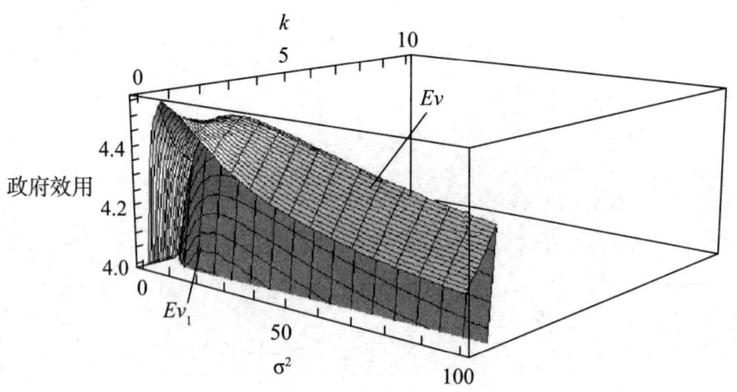

图 5.4　政府效用函数模拟

关联 $\eta=\frac{\pi}{4}$，带来的公平偏好扭曲程度为 $\cos\frac{\pi}{4}$。依据式（5.12）、式（5.13）、式（5.14）、式（5.15）和式（5.18）、式（5.19）、式（5.20）、式（5.21），以及命题 5.4 和命题 5.8，图 5.5 至图 5.8 分别呈现了有无政治关联情形下企业产量、企业伪善行为、企业效用和政府效用函数的数值模拟图。

根据式（5.12）、式（5.18）和命题 5.4 的 $\frac{\partial Q_2}{\partial \eta}<0$ 可知，企业与政府之间的政治关联越紧密，企业产量就越低。根据式（5.13）、式（5.19）和命题 5.5 的 $\frac{\partial h_2}{\partial \eta}>0$ 可知，企业伪善水平随政治关联紧密程度

的提高而提高。根据式（5.14）、式（5.20）和命题5.8，政治关联对企业效用的影响受外界环境变动的调节。根据式（5.15）、式（5.21）和命题5.9的$\frac{\partial Ev_2}{\partial \eta}<0$可知，政府效用随政治关联紧密程度的提高而降低。

对比有无政治关联情形下企业产量、企业伪善行为、企业效用和政府效用函数，可以发现：相较于社会责任伪善的非政治关联企业，政治关联企业的产量更低，伪善水平更高，如图5.5和图5.6所示。在上述参数设置下，有$\frac{2\rho\sigma^2(6+4k)^2}{[\rho\sigma^2+8(1+2k)]^2}\leqslant\frac{22+9k(1+\frac{\sqrt{2}}{2})}{4}$，政治关联企业的效用将低于非政治关联企业的效用，如图5.7所示。由图5.8可看出，政治关联情形下的政府效用低于无政治关联情形下的政府效用。

综上所述，政治关联不能降低企业伪善水平，会损害企业和政府的效用。这说明，政府并不能通过与企业建立政治关联的方式达到降低企业伪善水平的目的。

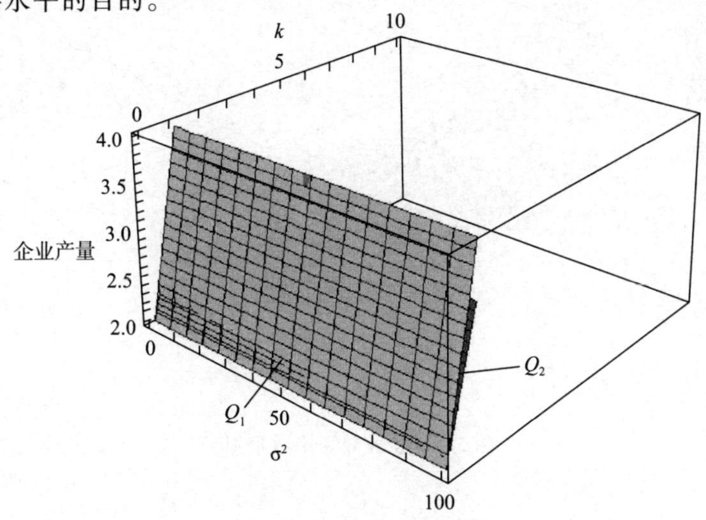

图5.5　企业产量函数模拟

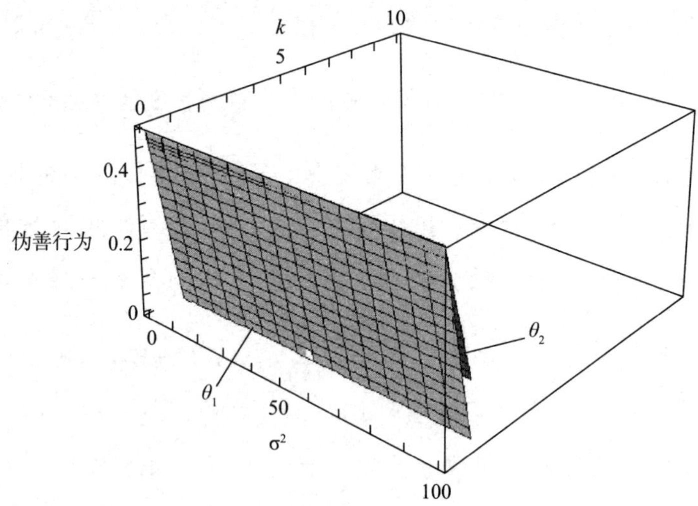

图 5.6　伪善行为函数模拟

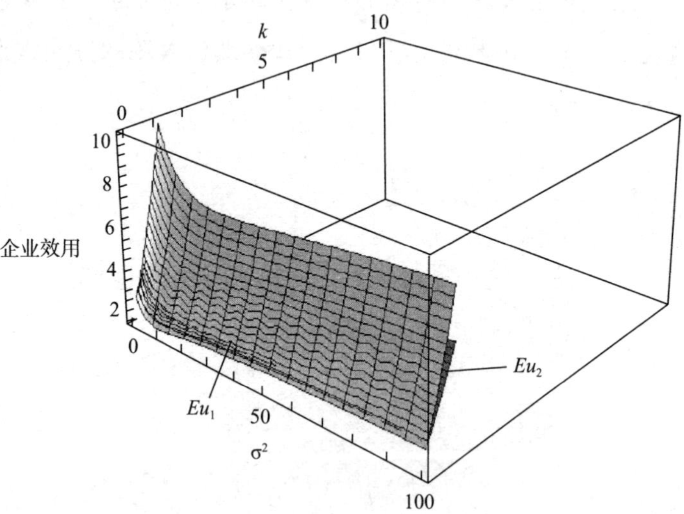

图 5.7　企业效用函数模拟

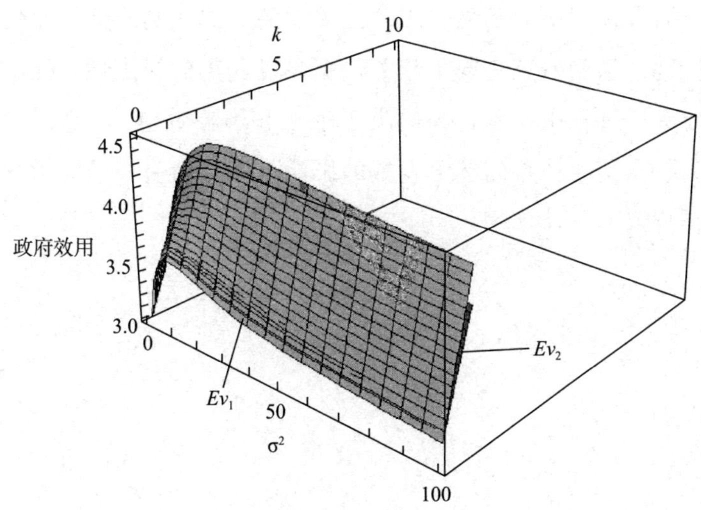

图 5.8　政府效用函数模拟

第六节　本章小结

本章基于公平偏好假设，构建有无社会责任伪善行为下企业和政府的博弈模型，深入考察了企业伪善行为的决策依据和影响效应。然后，将政治关联纳入研究框架，进一步厘清政治关联对企业伪善行为的影响作用。主要研究结论有以下五点。第一，当企业对外承诺或宣称履行的社会责任较多时，企业倾向于实施伪善行为，且企业伪善水平随企业公平偏好程度和掩藏成本的提高而降低。第二，伪善企业将生产更多的产品。第三，企业履行社会责任过程中的伪善行为可以提高企业效用，但降低政府效用。第四，政治关联企业拥有更高的伪善水平。第五，政治关联在一定条件下可以提高伪善企业的效用，但会使政府效用损失量加大。

综上，在一定条件下，企业倾向于实施伪善行为，以提高企业效用，但损害政府效用。政治关联不能降低企业伪善水平，将导致政府效用损失量加大，即政府不能采用政治关联的方式达到降低企业伪善水平的目的。这一系列研究克服了相关数据难以获得的局限性，揭示了企业履行社会责任过程中伪善行为的决策依据和影响效应“黑箱”，并厘清了政治关联在企业伪善问题上发挥的影响作用，为引导企业履行社会责任提供经验依据。

第六章

企业履行社会责任对经营绩效的影响路径

第四章和第五章分别研究了企业履行社会责任过程中的缺失和伪善行为。在现实生活中，一些企业虽然承担了社会责任，没有缺失和伪善行为，但它们也并非真心实意地从事社会责任实践活动，把企业社会责任视为实现某些特定目标的工具，如获取政府补贴或信贷、掩盖负面新闻、获得合法性等（Kim，et al.，2012）。由此引申出一些关键问题：在当前市场，中国企业履行社会责任的动机到底是什么，主要体现了一种掩饰失德或自利行为的“工具动机”还是高尚道德品质的“利他动机”？企业履行社会责任对经营绩效有什么影响作用？不同动机下企业履行社会责任影响经营绩效的传导路径如何？接下来，本书针对这一系列问题进行深入探讨。

第一节　问题的提出

企业社会责任是指企业在追求利润最大化的同时，需兼顾员工、社区、环境、消费者、公平运营等利益相关者的需求。中国社会科学院发布的《中国企业社会责任报告白皮书（2015）》显示，从 2006 年到 2015 年这十年间，社会责任报告的总量从 32 份增加到了 1703 份，中国企业 300 强的社会责任发展指数由 2009 年的 15.2 分增长到 34.4 分，实现了持续稳定的增长。然而，对于以盈利为主要目的的经济组织而言，社会责任活动是一种“奢侈的行为”，将额外增加企业的运营成本，有悖于企业最基本的经济责任（Friedman，1970）。那么，企业为什么会慷慨解囊，履行社会责任呢？企业社会责任的履行对经营绩效有什么影响作用？这一问题引起了学者们的广泛关注。

关于企业社会责任与经营绩效的已有文献尚未得到一致的研究结论。相关结论有：正相关（Semenova，N.，et al.，2010；Schadewitz，H. and Niskala，M.，2010；Guenster，N.，et al.，2011）、负相关（Kang，K. H. and Lee，S.，2011）、不相关（Dowell，G.，et al.，2000）和非线性关系（Flammer，2013）。高勇强（2012）、眭文娟等（2016）表示上述文献研究结论不一致，可能是因为企业履行社会责任的动机存在差异性。根据 Kim 等（2012）、Liket 和 Simaens（2013）的介绍，企业履行社会责任的动机主要包括：“利他动机”，即企业社会责任实践活动是企业不求回报的、体现良好道德品质的利他行为（Ohreen and Petry，2012；Choongo Progress，et al.，2017）；“利己动机”，即企业把履行社会责任作为获取好处的工具（Wu，M. W. and Shen，C. H.，2013；潘越等，2017）。

然而，现有的经验研究主要考察了企业履行社会责任对经营绩效影响的客观表现，忽略了企业动机的差异，并将具体影响路径视作“黑箱”。实际上，动机是推动人们行动的内部力量，将直接影响企业的行为决策，可能导致企业履行社会责任对经营绩效的影响及其传导路径呈现不同的表现形式。此外，政治关联作为政府干预市场活动的重要方式之一，可以搭起政府与企业沟通的桥梁，更好地规范企业行为（杜兴强等，2009），同时也可以作为一种寻租手段，为企业提供庇护和便利（李增福等，2016）。由此引申出一系列问题：在当前市场，中国企业履行社会责任的动机到底是什么，主要体现了一种掩藏失德或自利行为的“工具动机”还是高尚道德品质的“利他动机”？企业履行社会责任又将对经营绩效产生什么影响作用？具体传导路径如何？政治关联是减缓还是强化不同动机下企业履行社会责任对经营绩效影响的传导路径？

本书以 2009 ~ 2015 年中国 A 股上市企业为研究样本，考察企业履行社会责任对经营绩效的影响及其动机和传导路径，并进一步探讨政治关联在各传导路径中发挥的调节作用。相较于已有文献，本书还探讨了企业动机和传导路径，揭示了企业社会责任与经营绩效之间的“黑箱”，有助于更好地理解逐利本质下企业的社会责任实践活动。同时，本书将政治关联、企业社会责任与经营绩效联系起来，明确了政治关联在各传导路径中发挥的调节作用，对政治关联的相关文献进行了拓展，并为引导企业履行社会责任，避免工具性社会责任行为的发生提供了实证依据。

第二节　理论推导和研究假设

中国企业履行社会责任的动机是什么？企业履行社会责任对经营绩效到底有什么影响作用？不同动机下企业履行社会责任对经营绩效影响的传导路径是什么？本书对以下 3 种可能的传导路径进行理论推演，特提出本书的研究假设。

一　声誉路径：企业社会责任—企业声誉—经营绩效

企业履行社会责任可以借助声誉路径，即通过企业声誉影响经营绩效。企业声誉是指展示企业过去一切行为及结果的综合体现，反映了企业向各利益相关者提供有价值产出的能力（Fombrun and Rindova, 1996）。

一些研究注意到企业基于不同动机履行社会责任均有助于提高企业声誉（Grow, B., et al., 2005; Brammer, S., et al., 2006; Zhang, M., et al., 2015; Martínez-Ferrero, J., et al., 2016）。例如，Brammer, S. 和 Pavelin, S.（2004）以英国 227 家上市企业为研究样本，从

社区关系、环境保护以及对员工的责任这三个方面评价企业社会责任，发现企业履行社会责任有助于提高企业声誉。Park，J. 等（2014）表示企业把社会责任作为建立企业声誉，从利益相关者那里获得合规性认同的重要手段。Jones 等（2016）认为企业从事社会责任营销活动的目的在于维护和提升组织声誉。

从企业声誉对经营绩效的影响来看，企业声誉会引导个体的信息处理过程（Petty，R. E.，et al.，1977），激发消费者购买产品、获取更多银行贷款（Newberry and Parthasarathy，2007），这些最终均将影响企业的经营绩效（Roberts Peter，W.，et al.，2002），并且他们认为这也是促使企业建立良好声誉的直接诱因。例如，Lafferty 和 Goldsmith（1999）表示良好的企业声誉可以增加消费者对产品与服务的信心，增强广告宣传的可信度，提高消费者购买企业产品的概率。Vickers 和 Barro 分别对 Kreps 的声誉模型进行了简化处理，李军林（2002）在此基础上，构建了一个非完全信息动态博弈的声誉模型，分析声誉与国有企业经营绩效之间的关系。

基于上述分析，企业可能通过履行社会责任提高企业声誉，进而影响经营绩效。本书特提出以下研究假设。

假设 1：存在声誉路径，即企业社会责任通过企业声誉来影响经营绩效。

二 会计路径：企业社会责任—盈余管理—经营绩效

企业履行社会责任可以借助会计路径，即通过会计盈余管理影响经营绩效。盈余是企业目前经营状况的体现，是企业未来价值的基础。Demski（1987）认为代理人可以通过盈余管理营造当期盈余的假象，从而彰显其高超的管理技能或企业“形势利好”的表象（Leuz，C.，et al.，2003）。在此，盈余管理是指企业为了获得私人利益，对外部财务报告进行有目的干预的行为（Watts，R. L. and Zimmerman，J. L.，1978）。

从企业社会责任与盈余管理的关系来看，企业基于不同动机履行社会责任对盈余管理的影响作用具有显著的差异性。一方面，履行更多社会责任的企业可能拥有更为透明的财务状况，即从事更少的盈余管理活动（Bert Scholtens, et al., 2013；刘华等，2016；宋岩等，2017）。这是因为，如果企业是基于利他动机履行社会责任，往往具有更好的道德品质和责任心，其倾向于降低企业盈余管理程度，以便利益相关者更好地观测企业的经营状况。另一方面，履行更多社会责任的企业可能从事更多的盈余管理活动。这是因为，社会责任的履行将增加经营成本，损害企业利益，使得管理者不得不采用盈余管理的方式来弥补这种损害（Prior, et al., 2008）。Petrovits（2006）的研究证实了美国企业表面在大张旗鼓地建立慈善基金，背地里却在进行盈余管理活动。Hemingway, C. A. 等（2004）则指出企业承担社会责任的动机就是为了掩盖管理层从事的财务违规行为。

另外，从企业盈余管理行为对经营绩效的影响来看，企业管理层从事盈余管理活动在增强投资者的信心和营造“形势良好”表象的同时，还需承担可能产生的抵御外部监管的成本，因显示良好经营绩效而丧失的外部融资成本，以及上升的税负等（艾林、曹国华，2013）。刘娥平和刘春（2011）以2000~2008年发行可转债的中国上市企业为研究样本，实证考察了再融资后的绩效，发现发行前盈余管理反转是可转债发行后绩效下滑更多的原因之一，但是企业治理能够有效地制约盈余管理反转效应对可转债发行后绩效滑坡的影响。

基于上述分析，企业可能基于两种不同的动机履行社会责任，通过调整企业的盈余管理水平，进而影响经营绩效。本书特提出以下两个竞争性的研究假设。

假设2a：企业基于“利他动机”履行社会责任，且存在会计路径，即企业社会责任通过降低盈余管理水平来影响企业经营绩效。

假设2b：企业基于“工具动机”履行社会责任，且存在会计路径，即企业社会责任通过提高盈余管理水平来影响企业经营绩效。

三　税收路径：企业社会责任—避税—经营绩效

除了借助声誉路径和会计路径，企业履行社会责任还可以借助税收路径，即通过避税影响经营绩效。纳税是企业和公民最基本的社会责任。然而，利益的驱使、税收政策运用和执行的差异、税收法律的漏洞等，使得纳税人避税成为可能。在此，避税是指纳税人利用税法上的漏洞或税法允许的办法，在不违反税法规定的前提下做适当的财务安排或税收策划，以达到减轻或解除税负的目的。对于企业来说，避税能节约企业成本、增加利润空间。但对于整个社会而言，避税则有很大的消极影响，将减少国家税收收入，降低政府提供公共服务的能力，破坏公平、合理的税收原则，同时造成社会资源配置的扭曲以及收入分配的失控。因此，避税被认为是对社会不负责任的行为（Erle，2008；Schön，2008）。

从企业社会责任与避税的关系来看，企业基于不同动机履行社会责任对避税程度的影响作用具有显著的差异性。一方面，基于“利他动机”履行社会责任的企业可能具有更强的责任心，其避税程度更低。已有文献针对这一推论提供了经验证据，Hoi（2013）表示在社会责任实践中负面新闻越多的企业，具有更高的避税程度。Landry 等（2013）选取 2004 ~ 2008 年案例企业进行实证分析，发现企业社会责任与税收规避程度存在负向关系。Muller 和 Kolk（2015）对印度跨国企业进行实证分析，发现社会责任表现良好的跨国企业，比社会责任表现较差的企业负担更高的有效税率。Lanis，R. 和 Richardson，G.（2015）使用 434 家企业作为观测样本（217 家税收规避企业和 217 家非税收规避企业），发现履行更多社会责任的企业可能会表现出更少的避税行为。另一方面，基于“工具动机”履行社会责任的企业可能从事更多的避税活动。这是因为，企业履行社会责任，可以在政府部门面前建立良好的形象，提高获得税收优惠的概率或降低被税务部门稽查的概率，此时企业社会责任充当了掩饰企业避税活动的工具（唐伟、李晓琼，2015；李增福等，2016）。Sikka（2010）对安然公司和世通公司进行案例分析，证实了部分企业表面上履行社会责任，但存在严重的避税行为。Huseynov 和 Klamn（2012）研究发现企业社会责任与避税程度之间存在显著的正相关关系。

另外，就避税程度与企业经营绩效之间的关系而言，避税行为可以降低企业税负，在扩大企业利润空间的同时，也加剧信息不对称程度和代理冲突，降低企业投资效率和股票价格崩溃风险（Kim，et al.，2011；Chen，et al.，2011；刘行、叶康涛，2013），这些最终均会影响企业经营绩效。

基于上述分析，企业可能基于两种不同的动机履行社会责任，通过调整企业的避税程度，进而影响经营绩效。本书特提出以下两个竞争性的研究假设。

假设 3a：企业基于“利他动机”履行社会责任，且存在税收路径，即企业社会责任可能通过降低避税程度来影响企业经营绩效。

假设 3b：企业基于“工具动机”履行社会责任，且存在税收路径，即企业社会责任可能通过提高避税程度来影响企业经营绩效。

第三节　研究设计

一　样本选择与数据来源

本书以 2009～2015 年中国 A 股上市企业为研究样本，选择 2009 年作为样本起点主要是基于以下三点考虑：①2009 年开始，中国企业披露社会责任的履行状况正式进入常态；②从 20 世纪 90 年代起，中国资本市场开始探索性尝试股权分置改革，直到 2008 年才基本完成，以 2009 年为样本起点可以避开股权分置改革对财务数据的影响；③2007 年 1 月 1

日正式实施新会计准则，但新准则实施需要适应期，以2009年为样本起点可以保证会计准则的一致性和研究的稳定性。本书对样本进行了以下处理：①剔除了相关数据严重缺失的企业；②剔除总资产小于或等于0的企业，最后得到16842个样本观测值。相关数据来源于国泰安（CSMAR）数据库。实证研究主要通过Stata14.0软件完成。

二 主要变量的度量

（一）被解释变量

企业经营绩效（CFP）。衡量企业经营绩效的方法有很多，包括市场指标和会计指标两大类（Ullmann，A. A.，1985；Orlitzky，M.，et al.，2003）。本书选取营业成本利润率来度量企业经营绩效，计算公式为：CFP＝（营业总收入－营业总成本）/营业总成本。这有助于降低人为操纵的可能性，准确反映企业经营状况。

（二）解释变量

企业社会责任（CSR）。衡量企业社会责任的方法有很多，如污染控制绩效评价法、声誉指数法、内容分析法等，这些衡量方法各有优缺点和适用范围（张兆国等，2013）。一些学者将润灵环球（RKS）对上市企业社会责任报告的评分结果作为衡量指标，但本书考虑到评分结果具有较强的主观性和样本量较少等问题，借鉴沈洪涛等（2011）的研究，以上交所2008年发布的《关于加强上市公司社会责任承担工作的通知》中定义的每股社会贡献值作为企业社会责任承担情况的替代变量，具有较强的客观性和全面性，能够较好地反映企业社会责任水平。每股社会贡献值越大，表明企业履行的社会责任越多。具体衡量公式为：每股社会贡献值＝（净利润＋所得税费用＋营业税金及附加＋支付给职工以及为职工支付的现金＋本期应付职工薪酬－上期应付职工薪酬＋财务费用＋捐赠－排污费及清理费）/期初和期末总股数的平均值。

（三）其他控制变量

政治关联（CONNECT）。政治关联的衡量方法有很多，本书与国内大多数研究政治关联的文献一致，认为如果企业实际控制人、董事长或总经理是现任或曾经担任政府官员、军人、人大代表、政协委员等职务，则该企业是政治关联企业，赋值为1，否则为0。笔者根据CSMAR数据库中的高管简历资料，详细地甄别其是否以及何时担任政府官员、军队、人大代表或政协委员等职务，对于不确定的样本则通过登录注册地所在城市的人大或政协网搜索人大代表或政协委员名单进行比对。

除上述变量以外，本书还将企业上市时间（TIME）、固定资产比例（PPE）、无形资产比例（INTAN）、总资产周转率（TURN）、两权分离率（SEPARA）和独立董事比例（INDEPE）等控制变量纳入分析框架，以提高模型的精确度。表6.1展示了上述各变量的定义。

表6.1　变量定义

变量		变量名称	计量方法
被解释变量	CFP	经营绩效	（营业总收入－营业总成本）/营业总成本
解释变量	CSR	企业社会责任	（净利润＋所得税费用＋营业税金及附加＋支付给职工以及为职工支付的现金＋本期应付职工薪酬－上期应付职工薪酬＋财务费用＋捐赠－排污费及清理费）/期初和期末总股数的平均值
其他控制变量	CONNECT	政治关联	实际控制人、董事长或总经理曾任或现任政府官员、军队、人大代表、党代表或政协委员等职务，记为1，否则为0
	TIME	企业上市时间	企业上市年度始自本年末的年数
	PPE	固定资产比例	固定资产总额/资产总额
	INTAN	无形资产比例	无形资产总额/资产总额
	TURN	总资产周转率	主营业务收入/资产总额
	SEPARA	两权分离率	控制权与所有权之间的差值
	INDEPE	独立董事比例	独立董事人数/董事会人数

三 数据描述性统计

表 6.2 展示了主要变量的描述性统计情况。从描述性统计结果来看，中国上市企业每股社会贡献值的平均值为 1.196，最小值为 -6.067，最大值为 26.547，标准差为 1.264，说明中国上市企业履行社会责任的水平整体不高，仍处于起步阶段，企业之间的每股社会贡献值具有一定的差距。

在主要控制变量方面，政治关联的均值为 0.344，说明中国上市企业中有超 1/3 的企业高管参政或政府官员从商；固定资产比例的均值为 0.226，无形资产比例的均值为 0.049，表明上市企业固定资产和无形资产占总资产的比例较低；总资产周转率的均值为 0.641，表明上市企业总资产的周转速度较快，反映出企业销售能力较强，资产利用效率较高；两权分离率的均值为 5.559，标准差为 8.063，说明上市企业股东的控制权与所有权之间存在明显的偏离；独立董事比例的均值为 0.371，说明超 1/3 的董事不在企业担任除董事外的其他职务。

表 6.2 主要变量描述性统计

变量	最小值	最大值	均值	标准差
CFP	-1.821	3.629	0.092	0.246
CSR	-6.067	26.547	1.196	1.264
CONNECT	0	1	0.344	0.475
TIME	-1	24	8.920	6.489
PPE	0	0.971	0.226	0.175
INTAN	0	0.895	0.049	0.067
TURN	0	11.416	0.641	0.561
SEPARA	0	53.424	5.559	8.063
INDEPE	0.091	0.800	0.371	0.055

四 Pearson 相关性检验

为了考察本书所涉及的自变量和因变量之间是否具有较高的内在联系，以及考察自变量和控制变量之间是否存在多重共线性问题，本书对各变量之间的相关关系进行了 Pearson 相关性检验，表 6.3 报告了各变量的相关性矩阵。就经营绩效（CFP）而言，企业社会责任与其之间存在显著的正向关系，相关系数为 0.3044，表明承担社会责任的企业具有更高的经营绩效。从自变量与控制变量之间的关系来看，相关系数均低于经验文献中多重共线性阈值 0.5，这说明变量之间不存在多重共线性问题。本书还对所有解释变量进行了方差膨胀因子（VIF）分析，结果表明自变量和控制变量的 VIF 值均在 2 以下，远低于经验分析定义的阈值 10，也表明各变量之间不存在多重共线性问题。

表 6.3 各变量的相关系数

	CFP	CSR	CONNECT	TIME	PPE	INTAN	TURN	SEPARA	INDEPE
CFP	1.00								
CSR	0.30*	1.00							
CONNECT	0.06*	0.03*	1.00						
TIME	-0.23*	-0.01	-0.08*	1.00					
PPE	-0.15*	-0.08*	0.00	0.10*	1.00				
INTAN	-0.01	-0.05*	0.02*	0.05*	0.07*	1.00			
TURN	-0.10*	0.17*	-0.02	0.05*	0.03*	-0.03*	1.00		
SEPARA	-0.03*	0.05*	-0.03*	0.09*	0.04*	0.01	0.07*	1.00	
INDEPE	-0.02*	-0.02*	-0.02*	-0.02*	-0.05*	-0.01	-0.03*	-0.07*	1.00

注：* 表示在 5% 水平上显著。

五 基本回归模型设定

本书通过 Hausman 检验来判断本研究适用的模型，发现 Hausman

检验中的 P 值为 0.000，在 5% 的显著性水平下拒绝建立随机效应模型的原假设，故本书采用固定效应模型进行实证分析。

为了考察企业履行社会责任对经营绩效的影响作用，本书参照眭文娟等（2016）和李增福等（2016）的研究，构建下可回归模型（1）：

$$CFP_{i,t} = \beta_0 + \beta_1 CSR_{i,t} + \beta_2 CONNECT_{i,t} + \beta_3 TIME_{i,t} + \beta_4 PPE_{i,t} + \beta_5 INTAN_{i,t} + \beta_6 TURN_{i,t} + \beta_7 SEPARA_{i,t} + \beta_8 INDEPE_{i,t} + \lambda_t + \theta_j + \varepsilon_{i,t}$$

在上式中，下标 i 表示第 i 个企业，t 表示年份，λ_t 表示年度效应，以控制年度变动的影响，θ_j 表示行业效应，以控制行业特征的影响，$\varepsilon_{i,t}$为随机干扰项。

第四节　结果分析与讨论

本章首先就企业履行社会责任对经营绩效的影响作用进行基本回归分析。然后，深入探讨企业履行社会责任的动机和传导路径，分析是否存在工具性社会责任现象。若存在，进一步探究政治关联对工具性社会责任的调节作用。

一　企业履行社会责任对经营绩效的影响作用——基本回归分析

在中国现有的经济体制中，不同股权结构的企业在经营目的和决策侧重点上存在显著差异，可能呈现不同的影响效果。因此，本书根据企业股权性质，将全样本分为国有上市企业和非国有上市企业，旨在分析不同股权性质企业履行社会责任对经营绩效的影响作用，表 6.4 展示了回归结果。从结果可见，就全样本、国有上市企业和非国有上市企业而言，企业社会责任的回归系数分别为 0.0635、0.0565 和 0.0693，在 1% 统计水平上显著。表明企业社会责任与经营绩效之间有显著的正向关系，即国有上市企业和非国有上市企业履行社会责任均有助于提高经营绩效。

表 6.4 不同股权性质企业履行社会责任对经营绩效影响的回归结果

自变量	因变量 CFP		
	全样本	国有上市企业	非国有上市企业
CSR	0.0635 ***	0.0565 ***	0.0693 ***
	(33.50)	(27.17)	(22.46)
CONNECT	0.020 ***	0.019 ***	0.027 **
	(3.04)	(2.64)	(2.46)
TIME	-0.009 ***	-0.011 ***	-0.007 ***
	(-10.34)	(-12.03)	(-5.19)
PPE	-0.189 ***	-0.111 ***	-0.264 ***
	(-10.89)	(-5.29)	(-9.91)
INTAN	-0.202 ***	-0.111 **	-0.234 ***
	(-5.22)	(-2.22)	(-4.09)
TURN	0.057 ***	0.031 ***	0.067 ***
	(10.44)	(4.35)	(8.60)
SEPARA	0.000	-0.001 *	0.000
	(0.37)	(-1.69)	(0.45)
INDEPE	-0.130 ***	-0.077 *	-0.140 **
	(-3.35)	(-1.65)	(-2.35)
年度效应	控制	控制	控制
行业效应	控制	控制	控制
CON	0.121 ***	0.200 ***	0.094
	(2.79)	(3.77)	(1.19)
N	14511	6397	8117
R^2	0.166	0.202	0.161
F 值	78.63 ***	46.07 ***	41.04 ***

注：括号内为 t 值，*、**、*** 分别表示相关系数在 10%、5% 和 1% 水平下显著（双尾），下同。

二　企业履行社会责任对经营绩效的影响作用——路径分析

在企业履行社会责任对经营绩效影响的研究基础上，本书从企业声誉、盈余管理和避税的角度，进一步探讨企业履行社会责任的动机和传导路径。借鉴 Baron 和 Kenny（1986）的 Sobel 中介因子检验方法和温忠麟等（2012）提出的“三步骤中介回归分析法”，来分析企业履行社会责任对经营绩效影响的传导路径，本书构建如下回归模型：

$$CFP_{i,t} = \beta_0 + \beta_1 CSR_{i,t} + \sum_{k=2}^{m} \beta_k CONTROL_{i,t} + \lambda_t + \theta_j + \varepsilon_{i,t} \quad \text{(Path a)}$$

$$W_{i,t} = \alpha_0 + \alpha_1 CSR_{i,t} + \sum_{k=2}^{m} \alpha_k CONTROL_{i,t} + \lambda_t + \theta_j + \varepsilon_{i,t} \quad \text{(Path b)}$$

$$CFP_{i,t} = \beta_0' + \beta_1' CSR_{i,t} + \sum_{k=2}^{m} \beta_k' CONTROL_{i,t} + \beta_{m+1}' W_{i,t} + \lambda_t + \theta_j + \varepsilon_{i,t} \quad \text{(Path c)}$$

其中，$CFP_{i,t}$为经营绩效，$CSR_{i,t}$为企业社会责任，$W_{i,t}$表示中介因子，$CONTROL_{i,t}$表示一系列控制变量，λ_t，θ_j 分别为年度效应和行业效应。检验 W 是否对企业社会责任与经营绩效之间的关系起到中介和传导作用，主要分为以下三步：第一步，在上述基本回归模型（1）中不添加中介因子 W 的基础上，检验企业社会责任 CSR 对经营绩效的影响，观察路径模型 Path a 的回归系数 β_1；第二步，检验企业社会责任 CSR 对中介因子的影响，观察路径模型 Path b 的回归系数 α_1；第三步，将中介因子 W 加入基本回归模型（1），分析企业社会责任 CSR 和中介因子 W 对经营绩效的影响，观察路径模型 Path c 的回归系数 β_1' 和 β_{m+1}'。中介和传导作用成立需满足以下条件：路径模型 Path a 的回归系数 β_1 显著，路径模型 Path b 的回归系数 α_1 显著，Path c 的回归系数 β_{m+1}' 显著，同时，Path c 的回归系数 β_1' 不再显著或显著低于 Path a 的回归系数 β_1，且满足 Sobel Z 值统计上显著。

根据上述分析思路，本书考察企业社会责任与经营绩效之间可能存在的声誉路径、会计路径和税收路径，研究结果如表 6.5、表 6.7 和表

6.8 所示。

（一）声誉路径

借鉴沈洪涛、王立彦和万拓（2011）的声誉统计方法。“最受尊敬的美国公司”的声誉排名体系由《财富》杂志社于 1982 年建立，在声誉研究领域中被广泛应用（Fombrun，C.，et al.，1990）。自 2006 年起，《财富》杂志社开始进行“最受赞赏的中国企业”评选活动，向 25000 名中国企业的高级经理人发放问卷，请他们根据企业的长期投资价值、企业资产的合理使用、创新能力等 9 项标准为候选企业打分，最终得到两份问卷：第一份是根据自身所在行业为本行业企业打分，第二份是不分行业选出心中最赞赏的企业。每个行业中综合得分最高的前 5 家企业进入行业榜，所有行业中综合得分最高的 25 家企业进入全明星榜。本书选用全明星榜作为企业声誉的数据来源，若企业入选《财富》（中文版）“最受赞赏的中国企业”榜，取值为 1，否则取值为 0，记为 *REPUTATION*。

根据模型（1），设定声誉路径模型的 Path a、Path b、Path c 如下：

$$CFP_{i,t} = \beta_0 + \beta_1 CSR_{i,t} + \beta_2 CONNECT_{i,t} + \beta_3 TIME_{i,t} + \beta_4 PPE_{i,t} + \beta_5 INTAN_{i,t} + \beta_6 TURN_{i,t} + \beta_7 SEPARA_{i,t} + \beta_8 INDEPE_{i,t} + \lambda_t + \theta_j + \varepsilon_{i,t} \quad \text{(Path a)}$$

$$REPUTATION_{i,t} = \alpha_0 + \alpha_1 CSR_{i,t} + \alpha_2 CONNECT_{i,t} + \alpha_3 TIME_{i,t} + \alpha_4 PPE + \alpha_5 TURN_{i,t} + \alpha_6 EQINC_{i,t} + \alpha_7 BM_{i,t} + \alpha_8 SHC_{i,t} + \lambda_t + \theta_j + \varepsilon_{i,t} \quad \text{(Path b)}$$

$$CFP_{i,t} = \beta_0{}' + \beta_1{}' CSR_{i,t} + \beta_2{}' CONNECT_{i,t} + \beta_3{}' TIME_{i,t} + \beta_4{}' PPE_{i,t} + \beta_5{}' INTAN_{i,t} + \beta_6{}' TURN_{i,t} + \beta_7{}' SEPARA_{i,t} + \beta_8{}' INDEPE_{i,t} + \beta_9{}' REPUTATION_{i,t} + \lambda_t + \theta_j + \varepsilon_{i,t} \quad \text{(Path c)}$$

其中，中介因子 *W* 表示为企业声誉 $REPUTATION_{i,t}$。在声誉路径 Path b 中，笔者还控制了投资收益率（EQINC，年末投资收益/总资产）、账面市值比（BM，总资产/市值）和第一大股东持股比例（SHC，第一大股东持股数量/总股数 ×100%）等变量对企业声誉的可能影响。值得注意的是，由于 Path b 中的被解释变量企业声誉是离散的，本书在 Path b 中采用 Logit 模型进行回归。

表 6.5 展示了声誉路径的检验结果。从回归结果可知，在国有上市企业和非国有上市企业中，企业社会责任与经营绩效之间均不存在声誉路径，与研究假设 1 相反。具体而言，在全样本、国有上市企业和非国有上市企业样本中，虽然路径模型 Path a 中企业社会责任的回归系数显著为正，路径模型 Path b 中社会责任对企业声誉影响的回归系数也显著，但路径模型 Path c 中企业声誉的回归系数 β_9 在统计水平上不显著，且 Sobel Z 检验不显著。这说明，国有上市企业和非国有上市企业履行社会责任，不能通过企业声誉来影响经营绩效。

表 6.5 声誉路径分析

Panel A：声誉作为中介因子					
全样本		国有上市企业		非国有上市企业	
Path a（不含中介因子）		Path a（不含中介因子）		Path a（不含中介因子）	
自变量	因变量	自变量	因变量	自变量	因变量
符号	*CFP*	符号	*CFP*	符号	*CFP*
CSR	0.0635***	*CSR*	0.0565***	*CSR*	0.0693***
	(33.50)		(27.17)		(22.46)
控制变量	控制	控制变量	控制	控制变量	控制
N	14511	*N*	6397	*N*	8117
P 值	0.0000	*P* 值	0.0000	*P* 值	0.0000
R^2	0.166	R^2	0.202	R^2	0.161
Path b（中介因子检验）		Path b（中介因子检验）		Path b（中介因子检验）	
自变量	因变量	自变量	因变量	自变量	因变量
符号	声誉：*REPUTATION*	符号	声誉：*REPUTATION*	符号	声誉：*REPUTATION*
CSR	0.524***	*CSR*	0.502***	*CSR*	0.765***
	(13.26)		(10.07)		(9.81)
控制变量	控制	控制变量	控制	控制变量	控制
N	12218	*N*	5372	*N*	6253

续表

Panel A：声誉作为中介因子					
全样本		国有上市企业		非国有上市企业	
Path b（中介因子检验）		Path b（中介因子检验）		Path b（中介因子检验）	
自变量	因变量	自变量	因变量	自变量	因变量
P 值	0.0000	*P* 值	0.0000	*P* 值	0.0000
Pseudo R^2	0.240	*Pseudo* R^2	0.232	*Pseudo* R^2	0.297
Path c（包含中介因子检验）		Path c（包含中介因子检验）		Path c（包含中介因子检验）	
自变量	因变量	自变量	因变量	自变量	因变量
符号	*CFP*	符号	*CFP*	符号	*CFP*
CSR	0.0634***	*CSR*	0.056***	*CSR*	0.069***
	(33.48)		(27.17)		(22.44)
REPUTATION	0.015	*REPUTATION*	0.029	*REPUTATION*	-0.013
	(0.64)		(1.28)		(-0.28)
控制变量	控制	控制变量	控制	控制变量	控制
N	14511	*N*	6397	*N*	8117
P 值	0.0000	*P* 值	0.0000	*P* 值	0.0000
R^2	0.166	R^2	0.202	R^2	0.161
Sobel Z	0.638	Sobel Z	1.273	Sobel Z	-0.284
P 值	(0.523)	*P* 值	(0.203)	*P* 值	(0.777)

既然企业社会责任对上市企业声誉有显著影响作用，那为什么不存在社会责任通过企业声誉来影响经营绩效的声誉路径？接下来，笔者对企业声誉与经营绩效的关系做进一步检验，结果如表6.6所示。研究发现，在全样本、国有上市企业和非国有上市企业样本中，企业声誉对经营绩效影响的回归系数均不显著。这说明，企业声誉并不能显著提高中国上市企业的经营绩效。

究其原因，主要有以下两点。第一，人们无法准确、全面地了解企业履行社会责任情况，较难准确地甄别出真正履行社会责任的企业，并进行积极反馈（如良好声誉等）。近些年，发布企业社会责任报告的企业数量逐年递增。中国社会科学院发布的《中国企业社会责任报告白皮书（2015）》指出，从2006年到2015年这十年间，社会责任报告的总量从32份增长到了1703份，实现了迅速的增长，但仅有26%的企业社会责任报告篇幅在50页以上，且有超过六成的企业社会责任报告篇幅在30页以下。更为遗憾的是，很多上市企业的社会责任报告连续多年除具体事件和数字有所变动外，其他表述均未做调整，全部套用照搬，且大部分是报喜式总结，几乎从不涉及负面或不足的信息。因此，人们根本无法全面深入地了解企业社会责任水平，尤其是企业在社会责任方面的不足，并准确地甄别出真正履行社会责任的企业，这就在一定程度上限制了人们对履行社会责任的企业进行合理、公正的评价。第二，企业声誉的甄别和反馈机制并不完善，企业声誉更多地充当了门面装饰的作用，并不能影响利益相关者的行为决策（Mohr，L. A.，et al.，2005）。有良好声誉的知名企业多次被媒体曝出存在损害社会利益的行为。例如，作为中国最具影响力的房地产企业之一的万科曾获得“中国最佳企业公民奖”，也积极投身慈善事业，却多次被曝出存在产品质量问题，包括“倒灌事件”、“纸门事件”和“毒地板事件”等。这说明，具有良好声誉的企业并不代表它是好企业，企业声誉更多地充当了门面装饰的作用。这大大降低了企业声誉的真实性和可信度，使消费者等利益相关者并不会将其作为购买决策的考虑因素，进而导致真正履行社会责任的企业由于成本较高而被挤出市场，出现“劣币驱良币”的现象（李海芹、张子刚，2010）。

表6.6 企业声誉对经营绩效的影响分析

自变量	因变量 *CFP*		
	全样本	国有上市企业	非国有上市企业
REPUTATION	0.033	0.029	0.041
	(1.50)	(1.30)	(0.96)

续表

自变量	因变量 *CFP*		
	全样本	国有上市企业	非国有上市企业
CONNECT	0.008	0.018 **	0.008
	(1.26)	(2.52)	(0.78)
TIME	-0.025 ***	-0.020 ***	-0.028 ***
	(-27.84)	(-18.04)	(-19.80)
PPE	-0.216 ***	-0.124 ***	-0.271 ***
	(-13.35)	(-5.85)	(-11.24)
INTAN	-0.236 ***	-0.094 *	-0.298 ***
	(-6.34)	(-1.83)	(-5.60)
TURN	0.092 ***	0.078 ***	0.091 ***
	(18.08)	(10.92)	(12.72)
SIZE	0.099 ***	0.080 ***	0.100 ***
	(33.65)	(17.38)	(22.33)
年度效应	控制	控制	控制
行业效应	控制	控制	控制
CON	-1.914 ***	-1.519 ***	-1.959 ***
	(-26.99)	(-14.32)	(-16.51)
N	16562	7107	9530
R^2	0.164	0.136	0.164
F 值	89.65 ***	31.90 ***	51.57 ***

注：*SIZE* 表示企业规模，用企业总资产的对数来衡量。

（二）会计路径

现有文献一般采用可操控经营应计项目作为企业应计盈余管理的衡量变量。Dechow 等（1995）对比分析了各种可操纵经营应计项目的计算模型，发现估算效果最佳的模型为修正的 Jones（1991）模型。具体回归模型如下：

$$\frac{TA_{i,t}}{A_{i,t-1}} = \alpha_0 \frac{1}{A_{i,t-1}} + \alpha_1 \frac{\Delta SALES_{i,t}}{A_{i,t-1}} + \alpha_2 \frac{PPE_{i,t}}{A_{i,t-1}} + \varepsilon_{i,t} \quad (2)$$

$$\frac{NDTAC_{i,t}}{A_{i,t-1}} = \alpha_0 \frac{1}{A_{i,t-1}} + \alpha_1 \frac{\Delta SALES_{i,t} - \Delta REC_{i,t}}{A_{i,t-1}} + \alpha_2 \frac{PPE_{i,t}}{A_{i,t-1}} \tag{3}$$

$$DTAC_{i,t} = \frac{TA_{i,t}}{A_{i,t-1}} - \frac{NDTAC_{i,t}}{A_{i,t-1}} \tag{4}$$

其中，下标 i 表示企业，下标 t 表示年度。$TA_{i,t}$为企业 i 第 t 年的总应计盈余，本书用营业利润减去经营活动现金净流量表示总应计盈余；$A_{i,t-1}$为企业 i 第 t 年的期初总资产；$\Delta SALES_{i,t}$为企业 i 第 t 年的营业收入变动额；$\Delta REC_{i,t}$为企业 i 第 t 年的应收账款变动额；$PPE_{i,t}$为企业 i 第 t 年的固定资产总额；$NDTAC_{i,t}$为企业 i 第 t 年的非操控性应计利润总额；$DTAC_{i,t}$为企业 i 第 t 年的操控性应计利润。

首先，对模型（2）进行回归，并将得到的回归系数代入模型（3），计算出非操控性应计利润 $NDTAC_{i,t}$。然后，根据模型（4），求出操控性应计利润 $DTAC_{i,t}$。用操控性应计利润来衡量企业盈余管理程度，记为 $AEM_{i,t}$。该数值越大表明企业的盈余管理水平越高。

同样，根据模型（1），设定会计路径模型的 Path a、Path b、Path c 如下：

$$\begin{aligned} CFP_{i,t} = {} & \beta_0 + \beta_1 CSR_{i,t} + \beta_2 CONNECT_{i,t} + \beta_3 TIME_{i,t} + \beta_4 PPE_{i,t} + \beta_5 INTAN_{i,t} + \beta_6 TURN_{i,t} \\ & + \beta_7 SEPARA_{i,t} + \beta_8 INDEPE_{i,t} + \lambda_t + \theta_j + \varepsilon_{i,t} \end{aligned} \tag{Path a}$$

$$\begin{aligned} AEM_{i,t} = {} & \alpha_0 + \alpha_1 CSR_{i,t} + \alpha_2 CONNECT_{i,t} + \alpha_3 TIME_{i,t} + \alpha_4 PPE_{i,t} + \alpha_5 TURN_{i,t} \\ & + \alpha_6 EQINC_{i,t} + \alpha_7 BM_{i,t} + \alpha_8 SHC_{i,t} + \lambda_t + \theta_j + \varepsilon_{i,t} \end{aligned} \tag{Path b}$$

$$\begin{aligned} CFP_{i,t} = {} & \beta_0' + \beta_1' CSR_{i,t} + \beta_2' CONNECT_{i,t} + \beta_3' TIME_{i,t} + \beta_4' PPE_{i,t} + \beta_5' INTAN_{i,t} + \beta_6' TURN_{i,t} \\ & + \beta_7' SEPARA_{i,t} + \beta_8' INDEPE_{i,t} + \beta_9' AEM_{i,t} + \lambda_t + \theta_j + \varepsilon_{i,t} \end{aligned} \tag{Path c}$$

其中，中介因子 W 表示企业会计盈余管理程度 $AEM_{i,t}$。

表 6.7 是会计路径的检验结果。从回归结果可知，国有上市企业和非国有上市企业主要是基于“工具动机”履行社会责任，存在部分会计路径，验证了研究假设 2b。

就国有上市企业而言，在路径模型 Path a 中，企业社会责任 $CSR_{i,t}$ 的回归系数为 0.0565，在 1% 的统计水平上显著。在路径模型 Path b

中，企业社会责任对中介因子会计盈余管理 $AEM_{i,t}$ 的影响系数 α_1 为0.304，在1%统计水平上显著。表明企业社会责任与会计盈余管理之间有显著的正向关系，即履行更多社会责任的上市企业往往具有更高的盈余管理水平，它们倾向于通过履行社会责任来掩盖其会计账目的盈余管理行为，体现了工具动机。最后在路径模型 Path c 中，当把会计盈余管理加入基本模型之后，企业社会责任 $CSR_{i,t}$ 的回归系数由0.0565下降为0.0564，同时中介因子会计盈余管理 $AEM_{i,t}$ 的回归系数显著，Sobel Z 检验也显著。在非国有上市企业样本中，Path a 中企业社会责任的回归系数 β_1 在1%的统计水平上显著为正，Path b 中企业社会责任对中介因子盈余管理 $AEM_{i,t}$ 的影响系数 α_1 显著为正，且在 Path c 中加入中介因子盈余管理 $AEM_{i,t}$ 之后，企业社会责任的回归系数 β_1' 较 Path a 中社会责任的回归系数 β_1 更低，并通过 Sobel Z 检验。说明，国有上市企业和非国有上市企业主要是基于“工具动机”履行社会责任，且存在部分会计路径，即企业可以借社会责任建设之名，掩盖或转移公众对企业盈余管理行为的关注，进而达到提高经营绩效的目的。

表 6.7　会计路径分析

Panel B：会计盈余管理作为中介因子					
全样本		国有上市企业		非国有上市企业	
Path a（不含中介因子）		Path a（不含中介因子）		Path a（不含中介因子）	
自变量	因变量	自变量	因变量	自变量	因变量
符号	*CFP*	符号	*CFP*	符号	*CFP*
CSR	0.0635***	*CSR*	0.0565***	*CSR*	0.0693***
	(33.50)		(27.17)		(22.46)
控制变量	控制	控制变量	控制	控制变量	控制
N	14511	*N*	6397	*N*	8117
P 值	0.0000	*P* 值	0.0000	*P* 值	0.0000
R^2	0.166	R^2	0.202	R^2	0.161

续表

Panel B：会计盈余管理作为中介因子					
全样本		国有上市企业		非国有上市企业	
Path b（中介因子检验）		Path b（中介因子检验）		Path b（中介因子检验）	
自变量	因变量	自变量	因变量	自变量	因变量
符号	盈余管理：*AEM*	符号	盈余管理：*AEM*	符号	盈余管理：*AEM*
CSR	0.249***	*CSR*	0.304***	*CSR*	0.291***
	(3.24)		(2.62)		(3.13)
N	14734	*N*	6777	*N*	8014
P 值	0.0000	*P* 值	0.0000	*P* 值	0.0000
R^2	0.052	R^2	0.073	R^2	0.161
Path c（包含中介因子检验）		Path c（包含中介因子检验）		Path c（包含中介因子检验）	
自变量	因变量	自变量	因变量	自变量	因变量
符号	*CFP*	符号	*CFP*	符号	*CFP*
CSR	0.0630***	*CSR*	0.0564***	*CSR*	0.0686***
	(33.35)		(27.11)		(22.35)
AEM	0.002***	*AEM*	0.001**	*AEM*	0.003***
	(9.37)		(2.45)		(8.88)
控制变量	控制	控制变量	控制	控制变量	控制
N	14511	*N*	6397	*N*	8117
P 值	0.0000	*P* 值	0.0000	*P* 值	0.0000
R^2	0.172	R^2	0.203	R^2	0.171
Sobel Z *P* 值	3.065*** (0.002)	Sobel Z *P* 值	1.79* (0.074)	Sobel Z *P* 值	2.95*** (0.003)

（三）税收路径

Chan 等（2010）研究发现，中国上市企业的会计－税收差异与其被税务部门出具的税务审计调整额显著正相关。说明，用会计－税收差异来刻画企业避税的方法适用于中国企业，可以满足中国税务部门和研究的需要，作为判断企业是否存在避税行为的一个重要指标。因此，笔者借鉴刘行等（2013）的研究，采用会计－税收差异（*BTD*）来度量企业避税程度，记为 $RATE_{i,t}$。

其中，BTD =（税前会计利润 - 应纳税所得额）/期末总资产。应纳税所得额 =（所得税费用 - 递延所得税费用）/名义所得税率。BTD 越大，表示企业存在的税收规避行为越多。

同样，根据模型（1），设定税收路径模型的 Path a、Path b、Path c 如下：

$$CFP_{i,t}=\beta_0+\beta_1 CSR_{i,t}+\beta_2 CONNECT_{i,t}+\beta_3 TIME_{i,t}+\beta_4 PPE_{i,t}+\beta_5 INTAN_{i,t}+\beta_6 TURN_{i,t}+\beta_7 SEPARA_{i,t}+\beta_8 INDEPE_{i,t}+\lambda_t+\theta_j+\varepsilon_{i,t} \quad \text{(Path a)}$$

$$RATE_{i,t}=\alpha_0+\alpha_1 CSR_{i,t}+\alpha_2 CONNECT_{i,t}+\alpha_3 TIME_{i,t}+\alpha_4 PPE_{i,t}+\alpha_5 TURN_{i,t}+\alpha_6 EQINC_{i,t}+\alpha_7 BM_{i,t}+\alpha_8 SHC_{i,t}+\lambda_t+\theta_j+\varepsilon_{i,t} \quad \text{(Path b)}$$

$$CFP_{i,t}=\beta_0'+\beta_1' CSR_{i,t}+\beta_2' CONNECT_{i,t}+\beta_3' TIME_{i,t}+\beta_4' PPE_{i,t}+\beta_5' INTAN_{i,t}+\beta_6' TURN_{i,t}+\beta_7' SEPARA_{i,t}+\beta_8' INDEPE_{i,t}+\beta_9' RATE_{i,t}+\lambda_t+\theta_j+\varepsilon_{i,t} \quad \text{(Path c)}$$

其中，中介因子 W 表示为企业避税程度 $RATE_{i,t}$。

表 6.8 是税收路径的检验结果。从回归结果可知，非国有上市企业主要是基于“工具动机”履行社会责任，存在部分的税收路径，验证了研究假设 3b。这说明，非国有上市企业可以通过社会责任的履行来合理避税，以提高企业经营绩效。

具体而言，在非国有上市企业样本中，路径模型 Path a 中企业社会责任 $CSR_{i,t}$的回归系数为 0.0693，在 1% 的统计水平上显著。在 Path b 中企业社会责任对中介因子避税程度 $RATE_{i,t}$的影响系数 α_1 显著为正，即企业履行社会责任对避税有显著的促进作用，表明企业可以通过社会责任的履行为其避税行为提供掩护或“合法理由”，体现了工具动机（邹萍，2018）。最后，在 Path c 中避税指标显著为正，且企业社会责任的回归系数 β_1' 较 Path a 中企业社会责任的回归系数 β_1 更低，由 0.0693 降为 0.067，并通过 Sobel Z 检验。表明非国有上市企业可以通过社会责任，为企业合理避税或节约税收支出，进而达到提高经营绩效的目的。

然而，就全样本和国有上市企业而言，企业社会责任与经营绩效之间不存在税收路径。在全样本中，虽然路径模型 Path a 和 Path b 中企业社会责任 $CSR_{i,t}$ 的回归系数均显著为正，但路径模型 Path c 中避税指标的回归系数 $\beta_9{}'$ 在统计水平上不显著，Sobel Z 检验也不显著。在国有上市企业样本中，虽然路径模型 Path c 中避税指标显著，满足 Sobel Z 检验，但路径模型 Path c 中企业社会责任的回归系数 $\beta_1{}'$ 不低于 Path a 中企业社会责任的回归系数 β_1。这说明，在全样本和国有上市企业样本中，企业履行社会责任通过避税来影响经营绩效的税收路径并不成立。这可能是因为，与其他所有制形式的企业不同，国有上市企业具有一定的行政性，担负着重要的政治责任和社会责任，在促进经济增长和缓解财政压力等方面发挥着重要的作用。当政府面临较大的财政压力时，国有上市企业将更加积极地纳税，配合政府完成其社会和政治目标等，使得国有上市企业的税收路径并不成立。

表 6.8　税收路径分析

Panel C：避税作为中介因子					
全样本		国有上市企业		非国有上市企业	
Path a（不含中介因子）		Path a（不含中介因子）		Path a（不含中介因子）	
自变量	因变量	自变量	因变量	自变量	因变量
符号	*CFP*	符号	*CFP*	符号	*CFP*
CSR	0.0635 ***	*CSR*	0.0565 ***	*CSR*	0.0693 ***
	(33.50)		(27.17)		(22.46)
控制变量	控制	控制变量	控制	控制变量	控制
N	14511	*N*	6397	*N*	8117
P 值	0.0000	*P* 值	0.0000	*P* 值	0.0000
R^2	0.166	R^2	0.202	R^2	0.161
Path b（中介因子检验）		Path b（中介因子检验）		Path b（中介因子检验）	
自变量	因变量	自变量	因变量	自变量	因变量
符号	避税：*RATE*	符号	避税：*RATE*	符号	避税：*RATE*

续表

Panel C：避税作为中介因子					
全样本		国有上市企业		非国有上市企业	
Path b（中介因子检验）		Path b（中介因子检验）		Path b（中介因子检验）	
自变量	因变量	自变量	因变量	自变量	因变量
CSR	0.083 ***	*CSR*	0.033 ***	*CSR*	0.147 ***
	(13.36)		(14.92)		(11.70)
控制变量	控制	控制变量	控制	控制变量	控制
N	14339	*N*	6530	*N*	7863
P 值	0.0000	*P* 值	0.0000	*P* 值	0.0000
R^2	0.028	R^2	0.056	R^2	0.042
Path c（包含中介因子检验）		Path c（包含中介因子检验）		Path c（包含中介因子检验）	
自变量	因变量	自变量	因变量	自变量	因变量
符号	*CFP*	符号	*CFP*	符号	*CFP*
CSR	0.063 ***	*CSR*	0.058 ***	*CSR*	0.067 ***
	(32.48)		(26.69)		(21.59)
RATE	0.003	*RATE*	-0.023 ***	*RATE*	0.004 *
	(1.46)		(-2.68)		(1.69)
控制变量	控制	控制变量	控制	控制变量	控制
N	14126	*N*	6163	*N*	7966
P 值	0.0000	*P* 值	0.0000	*P* 值	0.0000
R^2	0.166	R^2	0.206	R^2	0.160
Sobel Z *P* 值	1.449 (0.147)	Sobel Z *P* 值	-2.638 *** (0.008)	Sobel Z *P* 值	1.68 * (0.094)

三　进一步研究：政治关联的调节作用

上文研究结论表明企业主要是基于“工具动机”履行社会责任，可以通过掩盖其盈余管理和避税的行为，达到提升经营绩效的目的。在上述研究的基础上，是否存在其他层面的特征缓解或加重了工具性社会责任现象呢？中国作为一个关系网络极为复杂和密集的发展中国家，政府仍掌握着关系到企业生存和发展的资源配置权（Detomasi，2008），使得企业与政府建立紧密的关联显得尤为重要（Fan，2007）。

政治关联作为正式制度的有益补充，是企业经营战略的一项重要内容，也是政府干预经济活动的手段，将直接影响企业行为。一方面，其能够给企业带来诸多好处，如融资便利和税收优惠等（Chung，2004；Choi and Thum，2009；余明桂等，2010；田利辉等，2013）；另一方面，其有助于更好地向企业传达政府政策的精神，规范企业行为，并避免政府大张旗鼓地通过行政命令对企业进行干预造成的舆论指责（杜兴强等，2009）。由此引申出下一个深层次的问题：在中国特有的政治和经济背景下，政治关联对工具性社会责任有什么影响作用？能否调节企业通过履行社会责任掩盖其盈余管理或避税行为，来提高经营绩效的传导路径？笔者接下来将政治关联纳入研究框架，试图回答上述问题。

（一）理论分析

一方面，政治关联可能抑制工具性社会责任通过盈余管理或避税对经营绩效产生影响的传导路径。第一，大量的文献表明政治关联的建立可以帮助企业获得更多的政府补助、税收优惠、银行贷款、稀缺资源和产权保护（Agrawal and Knoeber，2001；Boubakri，et al.，2008；Infante and Piazza，2010；Houston，J.，et al.，2014）。同时，政治关联可以提升企业的知名度，向利益相关者即投资者、消费者等传递出企业具有良好的社会声誉和经济实力等信号（Thomas，et al.，1991）。笔者认为，与非政治关联企业相比，政治关联的企业面临更好的外部环境、产权保护状态和更多的政府关照，其可以不必或者较少地通过以社会责任之名行盈余管理或避税之实的方式进行寻租。第二，政治关联可以搭起企业与政府之间沟通、交流的桥梁，更好地向企业宣传政府政策的精神。企业管理层通过参政议政，其自身的觉悟和社会责任感、使命感得到提升，再加上作为人大代表或政协委员的高管受到更多的社会关注，促使其更加注重自身和企业的形象，从而使得政治关联企业更少从事对社会不负责任的活动（张川等，2014）。可以预期，相较于非政治关联企业，政治关联企业更不倾向于通过社会责任的履行来掩盖其盈余管理或避税行为，进而提高企业经营绩效。

另一方面，政治关联可能强化工具性社会责任通过盈余管理或避税对经营绩效产生影响的传导路径。第一，政治关联企业受到更多的政府关照，面临的潜在政治风险（尤其是被相关征管部门稽查的风险）较小，实现盈余管理和避税的可能性增大（李增福等，2016），在这种情况下企业可能进行更多的工具性社会责任行为。第二，地方政府可能通过“政企互惠”的方式把手中控制的资源倾向性地分配给替其承担社会及政治任务的企业。社会责任便是企业协助地方政府减轻公共服务负担的常用寻租手段，且企业的寻租空间和寻租收益随政企关系紧密程度的提高而变大（Dibrell，C.，et al.，2011）。在此背景下，政治关联能够帮助企业争取更多履行社会责任的潜在收益，使得政治关联企业与非政治关联企业相比，更倾向于通过社会责任的履行，来掩盖其盈余管理或避税行为，进而提高企业经营绩效。

综上，政治关联会对工具动机下企业社会责任与经营绩效之间的传导路径产生影响，但影响作用具有不确定性。

（二）政治关联对会计路径的调节作用

为了检验政治关联对工具性社会责任会计路径的调节作用，本书借鉴温忠麟等（2012）的模型，在会计路径 Path c 的基础上引入政治关联与会计盈余管理的交叉项 $CONNECT \times AEM$，并进行中心化处理。具体回归模型如下：

$$CFP_{i,t} = \beta_0'' + \beta_1'' CSR_{i,t} + \beta_2'' CONNECT_{i,t} + \beta_3'' TIME_{i,t} + \beta_4'' PPE_{i,t} + \beta_5'' INTAN_{i,t} + \beta_6'' TURN_{i,t} + \beta_7'' SEPARA_{i,t} + \beta_8'' INDEPE_{i,t} + \beta_9'' AEM_{i,t} + \beta_{10}'' CONNECT_{i,t} \times AEM_{i,t} + \lambda_t + \theta_j + \varepsilon_{i,t} \quad \text{(Path d)}$$

政治关联对工具性社会责任会计路径的调节作用如表 6.9 所示。研究发现，政治关联可以抑制国有上市企业工具性社会责任的会计路径，但强化非国有上市企业工具性社会责任的会计路径。具体而言，在国有上市企业样本中，政治关联与会计盈余管理的交叉项 *CONNECT* × *AEM* 显著负相关，表明政府与国有上市企业建立关联，可以抑制企业社会责任通过盈余管理来提高经营绩效的会计路径。然而，在非国有上市企业样本中，政治关联与会计盈余管理的交叉项 *CONNECT* × *AEM* 显著为正。说明政府与非国有上市企业建立政治联系非但不能抑制企业通过社会责任进行盈余管理来提高经营绩效的会计路径，反而会强化会计路径。这一研究结论从侧面阐明了非国有企业高管热衷于寻求政治关联的动机，也反映了政治关联被作为一种特殊资源在中国市场发挥的作用。

表 6.9　政治关联对会计路径的调节作用

自变量	因变量 *CFP*		
	全样本	国有上市企业	非国有上市企业
CSR	0.063***	0.057***	0.068***
	(33.25)	(27.19)	(22.29)
CONNECT	0.019***	0.020***	0.023**
	(2.90)	(2.86)	(2.08)
TIME	-0.008***	-0.011***	-0.007***
	(-10.23)	(-12.01)	(-4.99)
PPE	-0.200***	-0.115***	-0.274***
	(-11.51)	(-5.46)	(-10.35)
INTAN	-0.207***	-0.114**	-0.249***
	(-5.36)	(-2.28)	(-4.37)
TURN	0.059***	0.031***	0.069***
	(10.91)	(4.32)	(8.82)
SEPARA	0.000	-0.001*	0.000
	(0.28)	(-1.65)	(0.42)
INDEPE	-0.133***	-0.079*	-0.141**
	(-3.43)	(-1.69)	(-2.38)

续表

自变量	因变量 *CFP*		
	全样本	国有上市企业	非国有上市企业
AEM	0.001***	0.001***	0.002**
	(4.37)	(3.57)	(2.04)
CONNECT × AEM	0.001***	-0.001***	0.002**
	(2.62)	(-2.67)	(2.26)
年度效应	控制	控制	控制
行业效应	控制	控制	控制
CON	0.120***	0.201***	0.094
	(2.77)	(3.79)	(1.18)
N	14511	6397	8117
R^2	0.172	0.204	0.171
F 值	77.25***	43.61***	41.58***

（三）政治关联对税收路径的调节作用

同样，本书在税收路径 Path c 的基础上引入政治关联与避税程度的交叉项 $CONNECT \times RATE$，并进行中心化处理。具体回归模型如下：

$$CFP_{i,t} = \beta_0'' + \beta_1'' CSR_{i,t} + \beta_2'' CONNECT_{i,t} + \beta_3'' TIME_{i,t} + \beta_4'' PPE_{i,t} + \beta_5'' INTAN_{i,t} + \beta_6'' TURN_{i,t} + \beta_7'' SEPARA_{i,t} + \beta_8'' INDEPE_{i,t} + \beta_9'' RATE_{i,t} + \beta_{10}'' CONNECT_{i,t} \times RATE_{i,t} + \lambda_t + \theta_j + \varepsilon_{i,t} \quad \text{(Path d)}$$

通过对前文的税收路径分析发现，非国有上市企业主要是基于“工具动机”履行社会责任，存在部分税收路径，而全样本和国有上市企业并不存在税收路径。因此，本书侧重于讨论政治关联对非国有上市企业工具性社会责任税收路径的调节作用，表 6.10 报告了相应的检验结果。结果显示，在非国有上市企业样本中，政治关联与避税程度的交叉项 $CONNECT \times RATE$ 在 1% 统计水平上显著正相关。表明政治关联将正向调节非国有上市企业工具性社会责任的税收路径，即政府与非国有上市企业建立关联，并不能抑制企业通过社会责任来避税，以此提高经营绩效，反而会起到强化作用。

表 6.10　政治关联对税收路径的调节作用

自变量	因变量 *CFP*		
	全样本	国有上市企业	非国有上市企业
CSR	0.062 ***	0.058 ***	0.065 ***
	(31.63)	(26.73)	(20.69)
CONNECT	0.018 ***	0.015 **	0.030 ***
	(2.64)	(2.01)	(2.64)
TIME	-0.009 ***	-0.011 ***	-0.007 ***
	(-10.15)	(-11.92)	(-5.18)
PPE	-0.176 ***	-0.109 ***	-0.250 ***
	(-9.99)	(-5.09)	(-9.32)
INTAN	-0.213 ***	-0.115 **	-0.261 ***
	(-5.41)	(-2.26)	(-4.48)
TURN	0.062 ***	0.043 ***	0.066 ***
	(11.18)	(5.83)	(8.44)
SEPARA	0.000	-0.001	0.000
	(0.48)	(-1.30)	(0.56)
INDEPE	-0.125 ***	-0.078	-0.130 **
	(-3.18)	(-1.63)	(-2.18)
RATE	0.002	-0.021 **	0.003
	(1.19)	(-2.43)	(1.58)
CONNECT * *RATE*	0.118 ***	-0.075	0.100 ***
	(4.66)	(-1.47)	(3.12)
年度效应	控制	控制	控制
时间效应	控制	控制	控制
CON	0.110 **	0.195 ***	0.077
	(2.45)	(3.66)	(0.88)
N	14126	6163	7966

续表

自变量	因变量 *CFP*		
	全样本	国有上市企业	非国有上市企业
R^2	0.167	0.206	0.161
F 值	72.44 ***	42.40 ***	37.83 ***

第五节　本章小结

本章以 2009 ~ 2015 年中国 A 股上市企业为研究样本，在分析企业履行社会责任对经营绩效影响的基础上，考察了企业履行社会责任的动机及其传导路径，并探讨了政治关联在传导路径中发挥的调节作用。主要研究结论有以下三点。第一，国有上市企业和非国有上市企业履行社会责任能显著提高企业的经营绩效。第二，国有上市企业和非国有上市企业主要是基于“工具动机”履行社会责任，且国有上市企业存在部分会计路径，非国有上市企业存在部分会计路径和税收路径，但均不存在声誉路径。说明国有上市企业可以通过履行社会责任，为企业从事更多的盈余管理行为提供掩护，进而达到提高经营绩效的目的。而非国有上市企业可以通过履行社会责任，为企业从事更多的盈余管理和避税行为提供掩护或“合法理由”，进而达到提高经营绩效的目的。第三，政治关联只能抑制国有上市企业工具性社会责任的会计路径，而会强化非国有上市企业工具性社会责任的会计路径和税收路径。

上述研究结果厘清了企业履行社会责任对经营绩效的影响及其动机和传导路径，揭示了企业社会责任与经营绩效之间的“黑箱”，使我们更全面地认识和理解逐利本质下企业履行社会责任的动机和影响效应。同时考虑到政治关联的调节作用，为政府合理采用政治关联的方式引导和规范企业履行社会责任提供了经验依据。

第七章
结论与展望

第一节 主要研究结论

本书基于行为经济学的视角，分析了企业与政府关于社会责任履行的互惠机制，揭示了企业社会责任实践中缺失和伪善行为的决策依据及其影响效应，探究了企业履行社会责任对经营绩效的影响及其动机和传导路径，厘清了政治关联对企业履行社会责任过程中缺失、伪善和工具性社会责任行为的影响。主要研究结论有以下四点。

第一，本书将互惠性偏好纳入研究框架，构建完全理性和互惠性偏好下企业和政府的博弈模型，从理论上探讨企业履行社会责任对经营绩效的影响，以及企业与政府关于社会责任履行的互惠机制。研究发现，在互惠性偏好假设下，企业承担更多的社会责任，且政府愿意牺牲部分利益即降低利益分配比或改善投资环境作为回报，此时企业和政府的效用均得到帕累托改进，实现双方合作共赢。这就表明在一定范围内，企业履行更多的社会责任对于企业和政府而言是双赢的。

第二，本书基于公平偏好假设，分别构建有无社会责任缺失行为下企业和政府的博弈模型，深入考察企业履行社会责任过程中缺失行为的决策依据和影响效应。然后，将政治关联纳入分析框架，进一步探讨政治关联对企业社会责任缺失水平的影响。研究发现以下五点。其一，当社会各界希望企业履行的社会责任较多时，企业将在履行社会责任过程中采取缺失行为，即逃避承担部分社会责任。其二，外界环境变动的提高将降低企业社会责任缺失水平，而企业公平偏好程度对社会责任缺失水平的影响受外界环境变动的调节。当外界环境变动较小时，企业社会责任缺失水平随公平偏好程度的提高而提高；反之，当外界环境变动较大时，企业社会责任缺失水平随公平偏好程度的提高而降低。其三，企业在履行社会责任过程中实施缺失行为可以提高企业效用，但降低政府效用。其四，政治关联在外界环境变动较小时，可以降低企业社会责任缺失水平；而在外界环境变动较大时，政治关联将提高企业社会责任缺失水平。其五，在外界环境变动较小时，政治关联可以增加政府效用，但降低企业效用。

第三，本书基于公平偏好假设，分别构建有无社会责任伪善行为下企业和政府的博弈模型，比较分析企业伪善行为的决策依据和影响效应，并拓展研究了政治关联对企业伪善行为的影响。研究发现以下五点。其一，当企业对外承诺或宣称履行的社会责任较多时，企业将在履行社会责任过程中采取伪善行为，且企业伪善水平随公平偏好程度和伪善行为掩藏成本的提高而降低。其二，伪善企业将生产更多的产品。其三，企业在履行社会责任过程中采取伪善行为可以提高企业效用，但损害政府效用。其四，政治关联企业的伪善水平比非政治关联企业的伪善水平更高。其五，政治关联在一定条件下才能提高伪善企业的效用，但总会降低政府效用。

第四，本书以 2009 ~ 2015 年中国 A 股上市企业为研究样本，在分析企业履行社会责任对经营绩效影响的基础上，深入揭示企业履行社会责任的动机及其传导路径，考察是否存在工具性社会责任的现象，并拓展研究了政治关联在各传导路径中发挥的调节作用。研究发现以下三点。其一，履行社会责任可以显著提高国有上市企业和非国有上市企业的经营绩效。其二，国有上市企业和非国有上市企业主要是基于“工具动机”履行社会责任，且国有上市企业存在部分会计路径，非国有上市企业则存在部分会计路径和税收路径，但均不存在声誉路径。说明国有上市企业可以通过履行社会责任为企业从事更多的盈余管理行为提供掩护，以达到提高经营绩效的目的。而非国有上市企业可以通过履行社会责任，为企业从事更多的盈余管理和避税行为提供掩护或“合法理由”，达到提高经营绩效的目的。其三，政治关联可以抑制国有上市企业工具性社会责任的会计路径，而会强化非国有上市企业工具性社会责任的会计路径和税收路径。

第二节　政策建议

基于上述研究结论，提出如下五点政策建议。

第一，企业应在合理范围内尽可能多地承担社会责任。本书第三章的研究发现，在$\frac{\varepsilon \times PQ + \frac{1}{2}\rho\varepsilon^2\sigma^2 - \rho r\varepsilon\sigma^2}{\delta} \leqslant \upsilon \leqslant \varepsilon \times PQ$的取值范围内，企业会承担更多的社会责任，且政府愿意以牺牲部分利益即降低利益分配比或改善投资环境作为回报，此时企业和政府的效用均得到帕累托改进，实现双方合作共赢。本书第六章的基本回归结果也证实了企业履行社会责任对各股权性质企业的经营绩效有显著促进作用。因此，建议企业在生产经营过程中，将社会责任纳入经营战略，并结合当地风土人情、企业发展现状以及未来发展规划等因素，在合理范围内尽可能多地履行社会责任。

第二，政府应加强对企业社会责任实践活动中缺失和伪善行为的监管，建立健全社会责任落实和考察机制，以确保企业切实承担社会责任，避免企业社会责任缺失和伪善行为造成的政府效用损失。本书第四章的研究证实了企业在一定条件下倾向于实施社会责任缺失行为，以提高企业效用，但降低政府效用。本书第五章的研究也表明企业在一定条件下倾向于采取言行不一的伪善行为，以提高企业效用，但损害政府效用。因此，建议政府加强对企业社会责任实践活动中缺失行为和伪善行为的监督，建立健全社会责任落实和考察机制，以避免企业受经济利益的驱使，在履行社会责任过程中采取缺失或言行不一的伪善行为，造成政府效用的损失。

第三，管理部门应进一步加大企业社会责任方面的信息披露力度，完善企业声誉的甄别和反馈机制，以形成良好互动的声誉路径。本书第六章的声誉路径分析表明，企业声誉的提高并不能促进经营绩效的提升，不管是国有上市企业还是非国有上市企业均不存在声誉路径，即中国企业履行社会责任不能通过企业声誉来影响经营绩效。究其原因在于：人们由于信息不对称，无法全面了解企业履行社会责任的情况，较难准确地甄别出真正履行社会责任的企业并进行积极反馈（如良好声誉等）。具有良好声誉的部分企业也常被曝出有不负责任的行为，使得人们对企业声誉和社会责任的真实性和可靠性产生怀疑，从而导致企业声誉更多地充当了门面装饰的作用，对利益相关者（如投资者、员工和消费者等）的判断和决策并没有实质上的影响。因此，建议管理部门进一步加大企业社会责任方面的信息披露力度，完善企业声誉的甄别和反馈机制，使人们可以准确地了解企业履行社会责任的情况，并进行合理的评价，形成良好互动的声誉路径。这有助于避免“劣币驱良币”现象的发生，引导企业自觉履行社会责任。

第四，管理部门在考察企业履行社会责任情况时，应关注企业履行社会责任的动机，并及时切断企业以社会责任之名行盈余管理和避税之实的利益输送渠道。这有助于避免企业社会责任的发展偏离其应有的轨道，使人们更加质疑企业履行社会责任的真实性和可靠性，造成严重的信息不对称、资源浪费和社会矛盾激化等问题。本书第六章的会计路径和税收路径分析表明，国有上市企业和非国有上市企业主要是基于

“工具动机”履行社会责任，且国有上市企业存在部分会计路径，非国有上市企业存在部分会计路径和税收路径，即企业可以通过履行社会责任，为其从事更多的盈余管理和避税行为提供掩护或“合法理由”，进而达到提高经营绩效的目的。

第五，政府应科学合理地处理好与企业的关系，加强政府与社会责任缺失企业，以及经由会计路径实现经营绩效增长的国有上市企业之间的政治关联，并及时切断政府与伪善企业，以及经由会计路径和税收路径实现经营绩效增长的非国有上市企业之间的寻租联系。这有助于避免社会责任缺失、伪善和工具性社会责任行为的发生，促进经济社会的可持续健康发展。本书第四章的研究证实了当外界环境变动较小时，政企之间的政治关联可以降低企业社会责任缺失水平；本书第五章的研究表明对于言行不一的伪善企业而言，政企之间的政治关联会被当作“保护伞”，可以转移社会公众对企业的关注，使政治关联企业倾向于实施更多的伪善活动；本书第六章的研究表明政治关联可以抑制国有上市企业工具性社会责任的会计路径，但强化非国有上市企业工具性社会责任的会计路径和税收路径。

第三节　研究展望

本书首先基于互惠性偏好假设，探讨了企业与政府关于社会责任履行的互惠机制；其次，基于公平偏好假设，分析了企业履行社会责任过程中缺失和伪善行为的决策依据及其影响效应；再次，从企业动机出发，考察了企业履行社会责任对经营绩效的影响及其动机和传导路径；最后，在上述分析的基础上，探究了政治关联对企业社会责任缺失、伪善和工具性社会责任行为的影响。本书的研究取得了一些重要的研究成果，但在以下三个方面仍需要进一步深入探讨。

第一，本书仅考虑一个企业和一个政府的博弈关系，而没有讨论其他类型的博弈情况。比如：两个企业或多个企业与政府的博弈，跨国企业与东道国政府的博弈，存在监管情况下企业与政府的博弈。未来的研究可以尝试分析不同情况下企业和政府的博弈问题。

第二，本书仅根据董事长、总经理或实际控制人有没有担任或曾担任政府官员、军队、人大代表或政协委员等职务来衡量政治关联，用0和1来表示，没有对不同类型的政治关联进行分类。笔者后期将研究不同类型政治关联的影响作用。

第三，本书发现政治关联可以抑制企业社会责任缺失行为和国有上市企业工具性社会责任的会计路径，但没有找到降低企业社会责任伪善水平和抑制非国有上市企业工具性社会责任的会计路径和税收路径的方案。笔者后续将从其他视角，探究企业伪善和非国有上市企业工具性社会责任行为的改善对策。

参考文献

[1] 艾林、曹国华：《商业银行盈余管理与经营绩效》，《管理世界》2013年第11期，第174~175页。

[2] 曹亚勇、王建琼、于丽丽：《公司社会责任信息披露与投资效率的实证研究》，《管理世界》2012年第12期，第183~185页。

[3] 曾萍、邓腾智：《政治关联与企业绩效关系的Meta分析》，《管理学报》2012年第9期，第1600~1608页。

[4] 陈承、张俊瑞、李鸣等：《中小企业社会责任的概念、维度及测量研究》，《管理学报》2015年第12期，第1687~1694页。

[5] 陈丽蓉、韩彬、杨兴龙：《企业社会责任与高管变更交互影响研究》，《会计研究》2015年第8期，第57~64页。

[6] 陈迅、韩亚琴：《企业社会责任分级模型及其应用》，《中国工业经济》2005年第9期，第99~105页。

[7] 陈玉清、马丽丽：《我国上市公司社会责任会计信息市场反应实证分析》，《会计研究》2005年第11期，第76~81页。

[8] 程雁蓉、胡欢：《企业伪善：概念、危害及治理机制》，《华北电力大学学报》（社会科学版）2014年第4期，第43~46页。

[9] 戴亦一、潘越、冯舒：《中国企业的慈善捐赠是一种“政治献金”吗？——来自市委书记更替的证据》，《经济研究》2014年第2

期，第 74 ~ 86 页。

[10] 邓建平、曾勇：《政治关联能改善民营企业的经营绩效吗?》，《中国工业经济》2009 年第 2 期，第 99 ~ 108 页。

[11] 邓名奋：《论公民与政府委托 - 代理关系的构建》，《国家行政学院学报》2007 年第 5 期，第 39 ~ 42 页。

[12] 邓新明、张婷、王惠子：《政治关联，多点接触与企业绩效——市场互换性的调节作用》，《管理科学》2016 年第 6 期，第 83 ~ 92 页。

[13] 邓新明：《我国民营企业政治关联、多元化战略与公司绩效》，《南开管理评论》2011 年第 3 期，第 4 ~ 15 页。

[14] 杜兴强、郭剑花、雷宇：《政治联系方式与民营上市公司业绩："政府干预"抑或"关系"?》，《金融研究》2009 年第 11 期，第 158 ~ 173 页。

[15] 樊帅、田志龙、林静等：《基于社会责任视角的企业伪善研究述评与展望》，《外国经济与管理》2014 年第 2 期，第 2 ~ 12 页。

[16] 范柏乃、金洁：《公共服务供给对公共服务感知绩效的影响机理——政府形象的中介作用与公众参与的调节效应》，《管理世界》2016 年第 10 期，第 50 ~ 61 页。

[17] 傅强、朱浩：《基于公共偏好理论的激励机制研究——兼顾横向公平偏好和纵向公平偏好》，《管理工程学报》2014 年第 3 期，第 190 ~ 195 页。

[18] 高冰、杨艳：《管理者政治关联、社会责任与企业绩效》，《大连理工大学学报》（社会科学版）2015 年第 2 期，第 80 ~ 85 页。

[19] 高英、袁少锋、刘力钢：《消费者对企业伪善的惩罚机制研究》，《中南财经政法大学学报》2017 年第 4 期，第 140 ~ 148 页。

[20] 高勇强、陈亚静、张云均：《"红领巾"还是"绿领巾"：民营企业慈善捐赠动机研究》，《管理世界》2012 年第 8 期，第 106 ~

114 页。

[21] 何玉、唐清亮、王开田：《碳绩效与财务绩效》，《会计研究》2017 年第 2 期，第 76～82 页。

[22] 贺卫：《寻租经济学》，中国发展出版社，1999。

[23] 胡旭阳：《民营企业家的政治身份与民营企业的融资便利——以浙江省民营百强企业为例》，《管理世界》2006 年第 5 期，第 107～113 页。

[24] 黄群慧、彭华岗、钟宏武等：《中国 100 强企业社会责任发展状况评价》，《中国工业经济》2009 年第 10 期，第 23～35 页。

[25] 黄世政：《研发投入、专利与经营绩效实证研究：以台湾为例》，《科技进步与对策》2015 年第 2 期，第 53～58 页。

[26] 黄伟、陈钊：《外资进入、供应链压力与中国企业社会责任》，《管理世界》2015 年第 2 期，第 91～100 页。

[27] 贾明、张喆：《高管的政治关联影响公司慈善行为吗?》，《管理世界》2010 年第 4 期，第 99～113 页。

[28] 贾兴平、刘益：《外部环境、内部资源与企业社会责任》，《南开管理评论》2014 年第 6 期，第 13～18 页。

[29] 姜丽群：《国外企业社会责任缺失研究述评》，《外国经济与管理》2014 年第 2 期，第 13～23 页。

[30] 姜丽群：《企业社会失责行为的动因、影响及其治理研究》，《管理世界》2016 年第 3 期，第 174～175 页。

[31] 靳小翠：《企业文化会影响企业社会责任吗？——来自中国沪市上市公司的经验证据》，《会计研究》2017 年第 2 期，第 56～62 页。

[32] 凯恩斯、新海、海平：《就业、利息与货币通论》，河北科学技术出版社，2001。

[33] 况学文、陈志锋、金硕：《政治关联与资本结构调整速度》，《南

开经济研究》2017 年第 2 期，第 133 ~ 152 页。

[34] 黎文靖：《所有权类型、政治寻租与公司社会责任报告：一个分析性框架》，《会计研究》2012 年第 1 期，第 81 ~ 88 页。

[35] 李歌、颜爱民、徐婷：《中小企业员工感知的企业社会责任对离职倾向的影响机制研究》，《管理学报》2016 年第 6 期，第 847 ~ 854 页。

[36] 李海芹、张子刚：《CSR 对企业声誉及顾客忠诚影响的实证研究》，《南开管理评论》2010 年第 1 期，第 90 ~ 98 页。

[37] 李健、陈传明、孙俊华：《企业家政治关联、竞争战略选择与企业价值》，《南开管理评论》2012 年第 6 期，第 147 ~ 157 页。

[38] 李金华、黄光于：《供应链社会责任的整合治理模式与机制》，《系统科学学报》2016 年第 1 期，第 65 ~ 69 页。

[39] 李军林：《声誉、控制权与博弈均衡——一个关于国有企业经营绩效的博弈分析》，《上海财经大学学报》2002 年第 4 期，第 38 ~ 45 页。

[40] 李茜、熊杰、黄晗：《企业社会责任缺失对财务绩效的影响研究》，《管理学报》2018 年第 2 期，第 255 ~ 261 页。

[41] 李姝、谢晓嫣：《民营企业的社会责任、政治关联与债务融资——来自中国资本市场的经验证据》，《南开管理评论》2014 年第 6 期，第 30 ~ 40 页。

[42] 李四海、陆琪睿、宋献中：《亏损企业慷慨捐赠的背后》，《中国工业经济》2012 年第 8 期，第 148 ~ 160 页。

[43] 李维安、王鹏程、徐业坤：《慈善捐赠、政治关联与债务融资——民营企业与政府的资源交换行为》，《南开管理评论》2015 年第 1 期，第 4 ~ 14 页。

[44] 李伟阳、肖红军：《企业社会责任的逻辑》，《中国工业经济》2011 年第 10 期，第 87 ~ 97 页。

[45] 李增福、汤旭东、连玉君：《中国民营企业社会责任背离之谜》，《管理世界》2016年第9期，第136~148页。

[46] 李正：《企业社会责任与企业价值的相关性研究——来自沪市上市公司的经验证据》，《中国工业经济》2006年第2期，第77~83页。

[47] 梁建、陈爽英、盖庆恩：《民营企业的政治参与、治理结构与慈善捐赠》，《管理世界》2010年第7期，第109~118页。

[48] 梁莱歆、冯延超：《民营企业政治关联、雇员规模与薪酬成本》，《中国工业经济》2010年第10期，第127~137页。

[49] 刘娥平、刘春：《盈余管理、公司治理与可转债绩效滑坡》，《管理科学》2011年第10期，第78~88页。

[50] 刘非菲：《基于财务视角的企业社会责任缺失经济后果研究》，东北财经大学，2015。

[51] 刘凤朝、默佳鑫、马荣康：《高管团队海外背景对企业创新绩效的影响研究》，《管理评论》2017年第7期，第135~147页。

[52] 刘行、叶康涛：《企业的避税活动会影响投资效率吗?》，《会计研究》2013年第6期，第47~53页。

[53] 刘华、魏娟、巫丽兰：《企业社会责任能抑制盈余管理吗？——基于强制披露企业社会责任报告准实验》，《中国软科学》2016年第4期，第95~107页。

[54] 刘慧龙、张敏、王亚平、吴联生：《政治关联、薪酬激励与员工配置效率》，《经济研究》2010年第9期，第109~122页。

[55] 刘志雄、张其仔：《企业文化对上市公司绩效的影响》，《财经问题研究》2009年第2期，第108~112页。

[56] 娄祝坤、张川：《政治关联与社会责任：自觉回馈还是战略选择》，《经济与管理》2014年第2期，第66~71页。

[57] 逯东、王运陈、王春国等：《政治关联与民营上市公司的内部控

制执行》,《中国工业经济》2013 年第 11 期，第 96 ~ 108 页。
[58] 罗党论、刘晓龙：《政治关系、进入壁垒与企业绩效——来自中国民营上市公司的经验证据》，《管理世界》2009 年第 5 期，第 97 ~ 106 页。
[59] 罗党论、唐清泉：《政治关系、社会资本与政策资源获取：来自中国民营上市公司的经验证据》，《世界经济》2009 年第 7 期，第 84 ~ 96 页。
[60] 骆紫薇、黄晓霞、陈斯允等:《企业为何履行社会责任却落得“伪善”名声？——企业社会责任类型和感知品牌伪善间的关系》,《心理科学进展》2017 年第 10 期，第 1642 ~ 1655 页。
[61] 吕同舟:《风险规避：地方政府治理中的一个逻辑》，《管理现代化》2014 年第 5 期，第 84 ~ 86 页。
[62] 马虹、李杰：《社会责任投资的避险效应和预期误差效应——基于产品市场竞争的视角》，《中国工业经济》2015 年第 3 期，第 109 ~ 121 页。
[63] 潘越、翁若宇、刘思义：《私心的善意：基于台风中企业慈善捐赠行为的新证据》，《中国工业经济》2017 年第 5 期，第 133 ~ 151 页。
[64] 彭韶兵、周兵:《公共权力的委托代理与政府目标经济责任审计》,《会计研究》2009 年第 6 期，第 18 ~ 22 页。
[65] 蒲勇健:《建立在行为经济学理论基础上的委托 - 代理模型：物质效用与动机公平的替代》，《经济学季刊》2007 年第 1 期，第 297 ~ 318 页。
[66] 权小锋、吴世农、尹洪英：《企业社会责任与股价崩盘风险：“价值利器”或“自利工具”?》,《经济研究》2015 年第 11 期，第 49 ~ 64 页。
[67] 沈洪涛、王立彦、万拓：《社会责任报告及鉴证能否传递有效信

号？——基于企业声誉理论的分析》，《审计研究》2011 年第 4 期，第 87 ~ 93 页。

[68] 沈艳、蔡剑：《企业社会责任意识与企业融资关系研究》，《金融研究》2009 年第 12 期，第 127 ~ 136 页。

[69] 石军伟、胡立君、付海艳：《企业社会责任、社会资本与组织竞争优势：一个战略互动视角——基于中国转型期经验的实证研究》，《中国工业经济》2009 年第 11 期，第 87 ~ 98 页。

[70] 宋岩、滕萍萍、秦昌才：《企业社会责任与盈余管理：基于中国沪深股市 A 股制造业上市公司的实证研究》，《中国管理科学》2017 年第 5 期，第 187 ~ 196 页。

[71] 苏冬蔚、贺星星：《社会责任与企业效率：基于新制度经济学的理论与经验分析》，《世界经济》2011 年第 9 期，第 138 ~ 159 页。

[72] 眭文娟、张慧玉、车璐：《寓利于义？企业慈善捐赠工具性的实证解析》，《中国软科学》2016 年第 3 期，第 107 ~ 129 页。

[73] 孙立平：《实践社会学与市场转型过程分析》，《中国社会科学》2002 年第 5 期，第 83 ~ 96 页。

[74] 唐松、孙铮：《政治关联、高管薪酬与企业未来经营绩效》，《管理世界》2014 年第 5 期，第 93 ~ 105 页。

[75] 唐伟、李晓琼：《抑制还是促进——民营企业的社会责任表现与税收规避关系研究》，《科学决策》2015 年第 10 期，第 51 ~ 65 页。

[76] 田利辉、张伟：《政治关联影响我国上市公司长期绩效的三大效应》，《经济研究》2013 年第 11 期，第 71 ~ 86 页。

[77] 童泽林、王新刚、李丹妮等：《消费者对品牌慈善地域不一致行为的负面评价及其扭转机制》，《管理世界》2016 年第 1 期，第 129 ~ 138 页。

[78] 万寿义、刘非菲：《企业社会责任缺失的动因及经济后果研究》，

《会计之友》2015 年第 11 期，第 15 ~ 25 页。

[79] 王化成、刘俊勇：《企业业绩评价模式研究》，《管理世界》2004 年第 4 期，第 82 ~ 91 页。

[80] 王静一、王海忠：《企业社会责任活动中感知伪善的结构与量表开发》，《心理科学进展》2014 年第 7 期，第 1075 ~ 1083 页。

[81] 王琦、吴冲：《企业社会责任财务效应动态性实证分析——基于生命周期理论》，《中国管理科学》2013 年第 11 期，第 542 ~ 548 页。

[82] 魏光兴：《公平偏好的博弈实验及理论模型研究综述》，《数量经济技术经济研究》2006 年第 8 期，第 152 ~ 160 页。

[83] 魏炜、朱青元、林桂平：《政治关联，多元化并购与企业并购绩效》，《管理学报》2017 年第 7 期，第 998 ~ 1005 页。

[84] 温素彬、方苑：《企业社会责任与财务绩效关系的实证研究——利益相关者视角的面板数据分析》，《中国工业经济》2008 年第 10 期，第 150 ~ 160 页。

[85] 温忠麟、张雷、侯杰泰等：《中介效应检验程序及其应用》，《心理学报》2004 年第 5 期，第 614 ~ 620 页。

[86] 文雯、宋建波：《高管海外背景与企业社会责任》，《管理科学》2017 年第 2 期，第 119 ~ 131 页。

[87] 吴昊旻、杨兴全、魏卉：《产品市场竞争与公司股票特质性风险——基于我国上市公司的经验证据》，《经济研究》2012 年第 6 期，第 101 ~ 115 页。

[88] 吴文锋、吴冲锋、芮萌：《中国上市公司高管的政府背景与税收优惠》，《管理世界》2009 年第 3 期，第 134 ~ 142 页。

[89] 肖红军、张俊生、李伟阳：《企业伪社会责任行为研究》，《中国工业经济》2013 年第 6 期，第 109 ~ 121 页。

[90] 肖红军、张哲：《企业社会责任悲观论的反思》，《管理学报》

2017 年第 5 期，第 720 ~ 729 页。

[91] 肖红军：《相关制度距离会影响跨国公司在东道国的社会责任表现吗?》，《数量经济技术经济研究》2014 年第 4 期，第 50 ~ 67 页。

[92] 辛杰：《基于正式制度与非正式制度协同的企业社会责任型构》，《山东大学学报》（哲学社会科学版）2014 年第 2 期，第 45 ~ 52 页。

[93] 徐莉萍、辛宇、祝继高：《媒体关注与上市公司社会责任之履行——基于汶川地震捐款的实证研究》，《管理世界》2011 年第 3 期，第 135 ~ 143 页。

[94] 晏艳阳、金鹏：《委托人公平偏好下国企高管的最优激励组合》，《财经研究》2012 年第 12 期，第 128 ~ 139 页。

[95] 杨其静：《企业成长：政治关联还是能力建设?》，《经济研究》2011 年第 10 期，第 54 ~ 66 页。

[96] 杨皖苏、杨善林：《中国情境下企业社会责任与财务绩效关系的实证研究——基于大、中小型上市公司的对比分析》，《中国管理科学》2016 年第 1 期，第 143 ~ 150 页。

[97] 杨伟、刘益、王龙伟等：《国外企业不道德行为研究述评》，《管理评论》2012 年第 8 期，第 145 ~ 153 页。

[98] 杨忠智、乔印虎：《行业竞争属性，公司特征与社会责任关系研究——基于上市公司的实证分析》，《科研管理》2013 年第 3 期，第 58 ~ 67 页。

[99] 姚圣、梁昊天：《政治关联、地方利益、企业环境业绩——基于企业产权性质分类的研究》，《财贸研究》2015 年第 4 期，第 141 ~ 149 页。

[100] 易开刚：《企业社会责任的多重价值博弈与长效实现机制——基于公司治理的视角》，《经济理论与经济管理》2011 年第 12 期，

第 61 ~ 67 页。

[101] 易开刚:《群体性企业社会责任缺失的深层透视——基于责任博弈失衡的视角》,《经济理论与经济管理》2012 年第 10 期,第 82 ~ 89 页。

[102] 尹开国、刘小芹、陈华东:《基于内生性的企业社会责任与财务绩效关系研究——来自中国上市公司的经验证据》,《中国软科学》2014 年第 6 期,第 98 ~ 108 页。

[103] 应佩佩、刘斌:《考虑企业社会责任缺失的双渠道供应链决策模型》,《中国管理科学》2016 年第 S1 期,第 626 ~ 633 页。

[104] 于洪彦、黄晓治、曹鑫:《企业社会责任与企业绩效关系中企业社会资本的调节作用》,《管理评论》2015 年第 1 期,第 169 ~ 180 页。

[105] 余明桂、回雅甫、潘红波:《政治联系、寻租与地方政府财政补贴有效性》,《经济研究》2010 年第 3 期,第 65 ~ 77 页。

[106] 袁建国、后青松、程晨:《企业政治资源的诅咒效应——基于政治关联与企业技术创新的考察》,《管理世界》2015 年第 1 期,第 139 ~ 155 页。

[107] 袁卓群、秦海英、杨汇潮:《不完全契约中的决策:公平偏好及多重参照点的影响》,《世界经济》2015 年第 8 期,第 168 ~ 192 页。

[108] 张川、娄祝坤、詹丹碧:《政治关联、财务绩效与企业社会责任——来自中国化工行业上市公司的证据》,《管理评论》2014 年第 1 期,第 130 ~ 139 页。

[109] 张萃、伍双霞:《环境责任承担与企业绩效——理论与实证》,《工业技术经济》2017 年第 5 期,第 67 ~ 75 页。

[110] 张会丽、吴有红:《企业集团财务资源配置,集中程度与经营绩效——基于现金在上市公司及其整体子公司间分布的研究》,

《管理世界》2011 年第 2 期，第 100 ~ 108 页。

[111] 张敏、马黎珺、张雯：《企业慈善捐赠的政企纽带效应——基于我国上市公司的经验证据》，《管理世界》2013 年第 7 期，第 163 ~ 171 页。

[112] 张平、黄智文：《企业政治关联、领导风格与企业绩效的研究》，《预测》2015 年第 4 期，第 41 ~ 46 页。

[113] 张蕊：《企业战略经营业绩评价指标体系研究》，中国财政经济出版社，2002。

[114] 张雯、王新安：《高管胜任力与企业社会责任关系实证研究》，《预测》2017 年第 4 期，第 63 ~ 68 页。

[115] 张雯、张胜、李百兴：《政治关联、企业并购特征与并购绩效》，《南开管理评论》2013 年第 2 期，第 64 ~ 74 页。

[116] 张燕、章振：《性别多样性对团队绩效和创造力影响的研究》，《科研管理》2012 年第 3 期，第 81 ~ 88 页。

[117] 张兆国、靳小翠、李庚秦：《企业社会责任与财务绩效之间交互跨期影响实证研究》，《会计研究》2013 年第 8 期，第 32 ~ 39 页。

[118] 赵晓琴、万迪昉：《政治关联影响因素及经济后果的模型分析：基于多任务委托代理模型的视角》，《管理工程学报》2016 年第 3 期，第 15 ~ 26 页。

[119] 甄红线、张先治、迟国泰：《制度环境、终极控制权对公司绩效的影响——基于代理成本的中介效应检验》，《金融研究》2015 年第 12 期，第 162 ~ 177 页。

[120] 郑海东、赵丹丹、张音等：《企业社会责任缺失行为公众反应的案例研究》，《管理学报》2017 年第 12 期，第 1747 ~ 1756 页。

[121] 周中胜、何德旭、李正：《制度环境与企业社会责任履行：来自中国上市公司的经验证据》，《中国软科学》2012 年第 10 期，第

59～68页。

[122] 朱蓉、徐二明：《银行高管政治关联、社会责任与企业绩效》，《上海金融》2015年第6期，第97～102页。

[123] 邹萍：《"言行一致"还是"投桃报李"？——企业社会责任信息披露与实际税负》，《经济管理》2018年第3期，第159～177页。

[124] Aggarwal, R. K., Felix, M., Yue, W. T., 2012. "Corporate Political Donations: Investment or Agency?", *Business & Politics*, 14 (1): 1-38.

[125] Agrawal, A., Knoeber, C. R., 2001. "Do Some Outside Directors Play a Political Role", *Journal of Law and Economics*, 44 (1): 98-179.

[126] Alexande, G., Buchholz, R., 1978. "Corporate Social Responsibility and Stock Market Performance", *Academy of Management Journal*, 3: 479-486.

[127] Alves, I. M., 2009. "Green Spin Everywhere: How Green-Washing Reveals the Limits of the CSR Paradigm", *Governance* (*An International Journal of Policy and Administration*), II (1): 1-26.

[128] Arli, D., Grace, A., Palmer, J., et al., 2017. "Investigating the Direct and Indirect Effects of Corporate Hypocrisy and Perceived Corporate Reputation on Consumers' Attitudes Toward the Company", *Journal of Retailing & Consumer Services*, 37: 139-145.

[129] Armstrong, J. S., 1977. "Social Irresponsibility in Management", *Journal of Business Research*, 5 (3): 185-213.

[130] Armstrong, J. S., Green, K. C., 2013. "Effects of Corporate Social Responsibility and Irresponsibility Policies", *Journal of Business Research*, 66 (10): 1922-1927.

[131] Arora, P., Dharwadkar, R., 2011. "Corporate Governance and Corporate Social Responsibility (CSR): The Moderating Roles of Attainment Discrepancy and Organization Slack", *Corporate Governance An International Review*, 19 (2): 136 - 152.

[132] Babiak, K., Trendafilova, S., 2011. "CSR and Environmental Responsibility: Motives and Pressures to Adopt Green Management Practices", *Corporate Social Responsibility and Environmental Management*, 18 (1): 11 - 24.

[133] Backhaus, K. B., Stone, B. A., Heiner, K., 2002. "Exploring the Relationship Between Corporate Social Performance and Employer Attractiveness. Business and Society", *Business & Society*, 41 (3): 292 - 318.

[134] Balch, D. R., Armstrong, R. W., 2010. "Ethical Marginality: The Icarus Syndrome and Banality of Wrongdoing", *Journal of Business Ethics*, 92 (2): 291 - 303.

[135] Banerjee, S. B., 2001. "Managerial Perceptions of Corporate Environmentalism: Interpretations from Industry and Strategic Implications for Organizations", *Journal of Management Studies*, 38 (4): 489 - 513.

[136] Barin Cruz, L., Boehe, D. M., Ogasavara, M. H., 2015. "CSR-Based Differentiation Strategy of Export Firms from Developing Countries: An Exploratory Study of the Strategy Tripod", *Business & Society*, 54 (6): 723 - 762.

[137] Barney, T. B., 1991. "Firm Resources and Sustained Competitive Advantage", *Journal of Management*, 17 (1): 99 - 120.

[138] Baron, D. P., 2001. "Private Politics, Corporate Social Responsibility, and Integrated Strategy", *Journal of Economics & Manage-*

ment Strategy, 10 (1): 7 -45.

[139] Baron, R. M., Kenny, D. A., 1986. "The Moderator-Mediator Variable Distinction in Social Psychological Research: Conceptual, Strategic, and Statistical Considerations", *Journal of Personality and Social Psychology*, 31 (6): 1173 -1182.

[140] Batjargal, B., 2010. "The Effects of Network's Structural Holes: Polycentric Institutions, Product Portfolio, and New Venture Growth in China and Russia", *Strategic Entrepreneurship Journal*, 4 (2): 146 -163.

[141] Batson, C. D., Collins, E., Powell, A. A., 2006. "Doing Business After the Fall: The Virtue of Moral Hypocrisy", *Journal of Business Ethics*, 66 (4): 321 -335.

[142] Baucus, M. S., Near, J. P., 1991. "Can Illegal Corporate Behavior be Predicted? An Event History Analysis", *Academy of Management Journal*, 34 (1): 9 -36.

[143] Behrman, J. N., Grosse, R, E., 1990. *International Business and Governments: Issues and Institution*, Columbia: University of South Carolina Press.

[144] Bernadin, H. K., Kane, J. S., Ross, S., Spina, J. D., Johnson, D. L., 1995. "Performance Appraisal Design, Development and Implementation", In G. R. Ferris, S. D. Rosen, D. J. Barnum (eds.), Handbook of Human Resources Management, Cambridge, Mass., Blackwell.

[145] Bernardin, H. J., Beatty, R. W., 1984. *Performance Appraisal: Assessing Human Behavior at Work*, Boston: Kent Publisher.

[146] Bertrand, M., Kramarz, F., Schoar, A., et al. 2004. "Politicians, Firms and the Political Business Cycle: Evidence from

France", Working Paper, University of Chicago.

[147] Bird, R., Hall, A. D., Momentè, F., et al., 2007. "What Corporate Social Responsibility Activities are Valued by the Market?", *Journal of Business Ethics*, 76 (2): 189 - 206.

[148] Blair, M. M., 1998. "For Whom should Corporations be Run?: An Economic Rationale for Stakeholder Management", *Long Range Planning*, 31 (2): 195 - 200.

[149] Blanco, B., Guillamón Saorín, E., Guiral, A. 2013. "Do Non-Socially Responsible Companies Achieve Legitimacy through Socially Responsible Actions? The Mediating Effect of Innovation", *Journal of Business Ethics*, 117 (1): 67 - 83.

[150] Borman, W. C., Motowidlo, S. M., 1993. "Expanding the Criterion Domain to Include Elements of Contextual Performance", *Personnel Selection in Organizations*: 71 - 98.

[151] Boubakri, N., Cosset, J. C., Saffar, W., 2008. "Political Connections of Newly Privatized Firms", *Journal of Corporate Finance*, 14 (5): 654 - 673.

[152] Boulouta, I., 2013. "Hidden Connections: The Link Between Board Gender Diversity and Corporate Social Performance", *Journal of Business Ethics*, 113 (2): 185 - 197.

[153] Bowen, H. R., 1953. *The Social Responsibility of the Businessman*, New York: Harper and Row.

[154] Bowman, E. H., Haire, M., 1975. "A Strategic Posture Toward Corporate Social Responsibility", *California Management Review*, 18 (2): 49 - 58.

[155] Bragdon, J., Marlin, J., 1972. "Is Pollution Profitable?", *Risk Management*, 19: 9 - 18.

[156] Brammer, S. B. C., Pavelin, S., 2006. "Corporate Social Performance and Stock Returns: UK Evidence from Disaggregate Measures", *Social Science Electronic Publishing*, 35 (3): 97 - 116.

[157] Brammer, S., Brooks, C., Pavelin, S., 2006. "Corporate Social Performance and Stock Returns: UK Evidence from Disaggregate Measures", *Financial Management*, 35 (3): 97 - 116.

[158] Brammer, S., Pavelin, S., 2004. "Building a Good Reputation", *European Management Journal*, 22 (6): 704 - 713.

[159] Brammer, S., Pavelin, S., 2005. "Corporate Reputation and an Insurance Motivation for Corporate Social Investment", *Journal of Corporate Citizenship*, 20: 39 - 51.

[160] Brousseau, E., Glachant, J. M., 2002. *The Economics of Contracts: Theories and Applications*, Cambridge University Press.

[161] Brower, J., Mahajan, V., 2013. "Driven to be Good: A Stakeholder Theory Perspective on the Drivers of Corporate Social Performance", *Journal of Business Ethics*, 117 (2): 313 - 331.

[162] Brumbrach, 1988. *Performance Management*, London: The Cromwell Press.

[163] Bruyaka, O., Zeitzmann, H. K., Chalamon, I., et al., 2013. "Strategic Corporate Social Responsibility and Orphan Drug Development: Insights from the US and the EU Biopharmaceutical Industry", *Journal of Business Ethics*, 117 (1): 45 - 65.

[164] Buchanan, J. M., 1988. "Rent Seeking and Profit Seeking", *The Political Economy of Rent-Seeking*, 3 - 15.

[165] Buchanan, J. M., Tollison, R. D., 1972. *Theory of Public Choice: Political Applications of Economics*, University of Michigan Press.

[166] Camerer, C. F., Fehr, E., 2006. "When does 'Economic Man' Dominate Social Behavior?", *Science*, 311 (5757): 47-52.

[167] Campbell, D., Moore, G., Metzger, M., 2002. "Corporate Philanthropy in the U. K. 1985 - 2000: Some Empirical Findings", *Journal of Business Ethics*, 39 (1-2): 29-41.

[168] Campbell, J. P., 1990. "Modeling the Performance Prediction Problem in Industrial and Organizational Psychology", *Handbook of Industrial & Organizational Psychology*, Ed, Md Dunnette & Lm Hough, Eds Consulting Psychologists.

[169] Campbell, J. P., Mccloy, R. A., Oppler, S. H., et al., 1993. "A Theory of Performance", *Personnel Selection in Organizations*, 3570: 35-70.

[170] Campbell, J. T., Eden, L., Miller, S. R., 2012. "Multinational and Corporate Social Responsibility in Host Countries: Does Distance Matter & Quest", *Journal of International Business Studies*, 43 (1): 84-106.

[171] Carroll, A. B., 1979. "A Three-Dimensional Conceptual Model of Corporate Performance", *Academy of Management Review*, 4 (4): 497-505.

[172] Carter, C. R., 2000. "Ethical Issues in International Buyer-Supplier Relationships", *Journal of Operations Management*, 18 (2): 191-208.

[173] Chan, K. H., Lin, K. Z., Mo, P. L. L., 2010. "Will a Departure from Tax-Based Accounting Encourage Tax Noncompliance? Archival Evidence from a Transition Economy", *Journal of Accounting and Economics*, 50 (1): 58-73.

[174] Chen, C. J. P., Li, Z., Su, X., et al., 2011. "Rent-Seeking

Incentives, Corporate Political Connections, and The Control Structure of Private Firms: Chinese Evidence", *Journal of Corporate Finance*, 17 (2): 229 - 243.

[175] Chen, C., B, Bozeman., 2012. "Organizational Risk Aversion: Comparing the Public and Non-Profit Sectors", *Public Management Review*, 14 (3): 377 - 402.

[176] Chen, F., Hope, O. K., Li, Q., et al., 2011. "Financial Reporting Quality and Investment Efficiency of Private Firms in Emerging Markets", *The Accounting Review*, 86 (4): 1255 - 1288.

[177] Chen, H., Hu, M. Y., 2002. "An Analysis of Determinants of Entry Mode and Its Impact on Performance", *International Business Review*, 11 (2): 193 - 210.

[178] Chen, S., Sun, Z., Tang, S., et al., 2011. "Government Intervention and Investment Efficiency: Evidence from China", *Journal of Corporate Finance*, 17 (2): 259 - 271.

[179] Choi, Jay. Pil., Marcel Thum, 2009. "The Economics of Politically Connected Firms", *International Tax and Public Finance*, 15 (5): 605 - 620.

[180] Choongo, P., Van, Burg. E., Masurel, E., et al., 2017. "Corporate Social Responsibility Motivations in Zambian SMEs", *International Review of Entrepreneurship*, 15 (1): 29 - 62.

[181] Christensen, L. T., Morsing, M., Thyssen, O., 2013. "CSR as Aspirational Talk", *Organization*, 20 (3): 372 - 393.

[182] Chung, K., 2004. "Business Groups in Japan and Korea", *International Journal of Political Economy*, 34 (3): 34 - 46.

[183] Clark, J. Maurice, 1916. "The Changing Basis of Economic Responsibility", *The Journal of Political Economy*, 24 (3): 209 - 229.

[184] Clarkson, M. B. E., 1995. "A Stakeholder Framework for Analyzing and Evaluating Corporate Social Performance", *Academy of Management Review*, 20 (1): 92-117.

[185] Dam, L., Koetter, M., Scholtens, B., 2009. "Why do Firms DO Good? Evidence from Managerial Efficiency", *SSRN Working Paper*.

[186] Davis, K., "Can Business Afford to Ignore Social Responsibilities?", *California Management Review*, 1960, 2 (3): 70-76.

[187] Davis, K., Blomstrom, R. L., 1975. *Business and Society: Environment and Responsibility*, McGraw-Hill.

[188] De, Hoogh. A. H. B., Den, Hartog. D. N., 2008. "Ethical and Despotic Leadership, Relationships with Leader's Social Responsibility, Top Management Team Effectiveness and Subordinates' Optimism: A Multi-Method Study", *The Leadership Quarterly*, 19 (3): 297-311.

[189] Dechow, P. M., Sloan, R. G., Sweeney, A. P., 1995. "Detecting Earnings Management", *Accounting Review*, 70 (2): 193-225.

[190] Delaney, J. T., Sockell, D., 1992. "Do Company Ethics Training Programs Make a Difference? An Empirical Analysis", *Journal of Business Ethics*, 11 (9): 719-727.

[191] Delios, A., Beamish, P. W., 2001. "Survival and Profitability: The Roles of Experience and Intangible Assets in Foreign Subsidiary Performance", *Academy of Management Journal*, 44 (5): 1028-1038.

[192] Demacarty, P., 2009. "Financial Returns of Corporate Social Responsibility, and the Moral Freedom and Responsibility of Business Leaders", *Business & Society Review*, 114 (3): 393-433.

[193] Demski, J. S. , Sappington, D. E. M. , 1987. "Delegated Expertise", *Journal of Accounting Research*, 25 (1): 68 - 89.

[194] Detomasi, D. , 2008. "The Political Roots of Corporate Social Responsibility", *Journal of Business Ethics*, 82 (4): 807 - 819.

[195] Dhanesh, G. S. , 2015. "Why Corporate Social Responsibility? An Analysis of Drivers of CSR in India", *Management Communication Quarterly*, 29 (1): 114 - 129.

[196] Dibrell, C. , Craig, J. , Hansen, E. , 2011. "Natural Environment, Market Orientation, and Firm Innovativeness: An Organizational Life Cycle Perspective", *Journal of Small Business Management*, 49 (3): 467 - 489.

[197] Dodd, E. M. , 1932. "For whom are Corporate Managers Trustees?", *Harvard Law Review*, 45 (7): 1145 - 1163.

[198] Doh, J. P. , Guay, T. R. , 2006. "Corporate Social Responsibility, Public Policy, and NGO Activism in Europe and the United States: An Institutional-Stakeholder perspective", *Journal of Management Studies*, 43 (1): 47 - 73.

[199] Doh, J. P. , Littell, B. , Quigley, N. R. , 2015. "CSR and Sustainability in Emerging Markets: Societal, Institutional, and Organizational Influences", *Organizational Dynamics*, 44 (2): 112 - 120.

[200] Donaldson, T. , Dunfee, T. W. , 1994. "Toward a Unified Conception of Business Ethics: Integrative Social Contracts Theory", *Academy of Management Review*, 19 (2): 252 - 284.

[201] Donaldson, T. , Dunfee, T. W. , 1995. "Integrative Social Contracts Theory", *Economics & Philosophy*, 11 (1): 85 - 112.

[202] Doni, N. , Ricchiuti, G. , 2013. "Market Equilibrium in the Presence of Green Consumers and Responsible Firms: A Comparative Stat-

ics Analysis", *Resource and Energy Economics*, 35 (3): 380 - 395.

[203] Dowell, G., Hart, S., Yeung, B., 2000. "Do Corporate Global Environmental Standards Create or Destroy Market Value?", *Management Science*, 46 (8): 1059 - 1074.

[204] Ellis, L., Bastin, C., 2011. "Corporate Social Responsibility in Times of Recession: Changing Discourses and Implications for Policy and Practice", *Corporate Social Responsibility and Environmental Management*, 18 (5): 294 - 305.

[205] Engelland, B. T., 2014. "Religion, Humanism, Marketing, and the Consumption of Socially Responsible Products, Services, and Ideas: Introduction to a Special Topic Section", *Journal of Business Research*, 67 (2): 1 - 4.

[206] Eric, Sandelands, 1994. "Strategic Logistics Management", *International Journal of Physical Distribution & Logistics Management*, 26 (3): 73 - 142.

[207] Erle, B., 2008. "Tax Risk Management and Board Responsibility", *Tax and Corporate Governance*, 3: 205 - 220.

[208] Faccio, M., 2006. "Politically Connected Firms", *American Economic Review*, 96 (1): 369 - 386.

[209] Faccio, M., Masulis, R. W., McConnell, J., 2006. "Political Connections and Corporate Bailouts", *The Journal of Finance*, 61 (6): 2597 - 2635.

[210] Fama, E. F., 1980. "Agency Problems and the Theory of the Firm", *Journal of Political Economy*, 88 (2): 288 - 307.

[211] Fan, J. P. H., Wong, T. J., Zhang, T., 2007. "Politically Connected CEOs, Corporate Governance, and Post-IPO Performance of China's Newly Partially Privatized Firms", *Journal of Financial E-*

conomics, 84 (2): 330 - 357.

[212] Fan, J. P. H., Wong, T. J., Zhang, T., 2013. "Institutions and Organizational Structure: The Case of State-Owned Corporate Pyramids", *The Journal of Law Economics & Organization*, 29 (6): 1217 - 1252.

[213] Fassin, Y., 2005. "The Reasons Behind Non-Ethical Behaviour in Business and Entrepreneurship", *Journal of Business Ethics*, 60 (3): 265 - 279.

[214] Fassin, Y., Buelens, M., 2011. "The Hypocrisy-Sincerity Continuum in Corporate Communication and Decision Making: A Model of Corporate Social Responsibility and Business Ethics Practices", *Management Decision*, 49 (4): 586 - 600.

[215] Fehr, E., Goette, L., Zehnder, C., 2009. "A Behavioral Account of the Labor Market: The Role of Fairness Concerns", *Annual Review of Economics*, 1 (1): 355 - 384.

[216] Fehr, E., Schmidt, KM., 1999. "A Theory of Fairness, Competition and Cooperation", *Quarterly Journal of Economics*, 114 (3): 817 - 868.

[217] Ferguson, T., Voth, H. J., 2008. "Betting on Hitler-The Value of Political Connections in Nazi Germany", *Quarterly Journal of Economics*, 123 (1): 101 - 137.

[218] Fineman, S., Clarke, K., 1996. "Green Stakeholders: Industry Interpretations and Response", *Journal of Management Studies*, 33 (6): 715 - 730.

[219] Fisman, R., 2001. "Estimating the Value of Political Connections", *The American Economic Review*, 91 (4): 1095 - 1102.

[220] Flammer, C., 2012. "Does Corporate Social Responsibility Lead to Su-

perior Financial Performance? A Regression Discontinuity Approach", *Social Science Electronic Publishing*, 61 (11): 2549 - 2568.

[221] Fleming, P., 2012. *The End of Corporate Social Responsibility: Crisis and Critique*, Thousand Oaks: Sage.

[222] Fogler, H. R., Nutt, F., 1975. "A Note on Social Responsibility and Stock Valuation", *Academy of Management Journal*, 18 (1): 155 - 160.

[223] Fombrun, C. J., Rindova, V., 1996. *Who's Tops and Who Decides? The Social Construction of Corporate Reputations*, New York University, Stern School of Business, Working Paper.

[224] Fombrun, C., Shanley, M., 1990. "What's in a Name? Reputation Building and Corporate Strategy", *The Academy of Management Journal*, 33 (2): 233 - 258.

[225] Foss, N. J., 1993. "Theories of The Firm: Contractual And Competence Perspectives", *Journal of Evolutionary Economics*, 3 (2): 127 - 144.

[226] Foss, N. J., 1996. "Knowledge-Based Approaches to The Theory of the Firm: Some Critical Comments", *Organization Science*, 7 (5): 470 - 476.

[227] Fox, D. R., 1996. "The Law Says Corporations are Persons, but Psychology Knows Better", *Behavioral Sciences & the Law*, 14 (3): 339 - 359.

[228] Frederick, W. C., 1983. "Corporate Social Responsibility in the Reagan Era and Beyond", *California Management Review*, 25 (3): 145 - 157.

[229] Freeman, E. R., 1984. *Strategic Management: A Stakeholder Approach*, Cambridge University Press.

[230] Friedman, M., 1970. "The Social Responsibility of Business Is to Increase Its Profits", *The New York Times Magaine*, 13: 32-33.

[231] Friedman, M., 2007. "The Social Responsibility of Business is to Increase Its Profits", *Corporate Ethics and Corporate Governance*, 33 (6): 173-178.

[232] Frooman, J., 1997. "Socially Irresponsible and Illegal Behavior and Shareholder Wealth: A Meta-Analysis of Event Studies", *Business & Society*, 36 (3): 221-249.

[233] Frye, T., Shleifer, A., 1996. "The Invisible Hand and the Grabbing Hand", *The American Economic Review*, 87 (2): 354-358.

[234] Garriga, E., Melé, D., 2004. "Corporate Social Responsibility Theories: Mapping the Territory", *Journal of Business Ethics*, 53 (1-2): 51-71.

[235] Goldman, E., Rocholl, J., So, J., 2009. "Do Politically Connected Boards Affect Firm Value?", *Review of Financial Studies*, 22 (6): 2331-2360.

[236] Graafland, J., Mazereeuw-Van, der. Duijn. Schouten. C., 2012. "Motives for Corporate Social Responsibility", *De Economist*, 160 (4): 377-396.

[237] Greenwood, M., 2007. "Stakeholder Engagement: Beyond the Myth of Corporate Responsibility", *Journal of Business Ethics*, 74 (4): 315-327.

[238] Griffin, J. J., Mahon, J. F., 1997. "The Corporate Social Performance and Corporate Financial Performance Debate: Twenty-Five Years of Incomparable Research", *Social Science Electronic Publishing*, 36 (1): 5-31.

[239] Grow, B., Hamm, S., Lee, L., 2005. "The Debate Over Doing

Good", *Business Week*, 76 – 78.

[240] Gu, H., Ryan, C., Bin, L., et al., 2013. "Political Connections, GuanXi and Adoption of CSR Policies in the Chinese Hotel Industry: Is there a Link?", *Tourism Management*, 34: 231 – 235.

[241] Guenster, N., Bauer, R., Derwall, J., Koedijk, K., 2011. "The Economic Value of Corporate Eco-Efficiency", *European Financial Management*, 17 (4): 679 – 704.

[242] Hamilton, D. L., Sherman, S. J., 1996. "Perceiving Persons and Groups", *Psychological Review*, 103 (2): 336 – 355.

[243] Hart, O., 1991. "Theories of Optimal Capital Structure: A Principal-Agent Perspective", Brookings Conference on Takeovers, LBOs, and Changing Corporate Forms.

[244] Hart, O., 1995. *Firms, Contracts, and Financial Structure*, Clarendon Press.

[245] Haveman, H., Jia, N., Shi, J., Wang, Y., 2013. "China's Economic Transition and the Value of Firms' Political Connections: A Longitudinal Study of Publicly Listed Firms", Working Paper.

[246] Hellman, J. S., Jones, G., Kaufmann, D., 2003. "Seize the State, Seize the Day: State Capture and Influence in Transition Economies", *Journal of Comparative Economics*, 31 (4): 751 – 773.

[247] Hemingway, C. A., Maclagan, P. W., 2004. "Managers' Personal Values as Drivers of Corporate Social Responsibility", *Journal of Business Ethics*, 50 (1): 33 – 44.

[248] Hill, J. A., Eckerd, S., Wilson, D., et al., 2009. "The Effect of Unethical Behavior on Trust in a Buyer-Supplier Relationship: The Mediating Role of Psychological Contract Violation", *Journal of Operations Management*, 27 (4): 281 – 293.

[249] Hoi, C. K., Wu, Q., Zhang, H., 2013. "Is Corporate Social Responsibility (CSR) Associated with Tax Avoidance? Evidence from Irresponsible CSR Activities", *The Accounting Review*, 88 (6): 2025-2059.

[250] Hong, S., Yang, S., Rim, H., 2010. "The Influence of Corporate Social Responsibility and Customer-Company Identification on Publics' Dialogic Communication Intentions", *Public Relations Review*, 36 (2): 196-198.

[251] Houston, J., Jiang, L., Lin, C., Ma, Y., 2014. "Political Connections and the Cost of Bank Loans", *Journal of Accounting Research*, 52 (1): 193-243.

[252] Huseynov, F., Klamm, B. K., 2012. "Tax Avoidance, Tax Management and Corporate Social Responsibility", *Journal of Corporate Finance*, 18 (4): 804-827.

[253] Infante, L., Piazza, M., 2010. "Do Political Connections Pay Off? Some Evidences From the Italian Credit Market", Working Paper.

[254] Ingram, P., Silverman, B. S., 2002. "Introduction: The New Institutionalism in Strategic Management", *Advances in Strategic Management*, 19: 1-30.

[255] Ireland, P., 2010. "Limited Liability, Shareholder Rights and the Problem of Corporate Irresponsibility", *Cambridge Journal of Economics*, 34 (5): 837-856.

[256] Jaggi, B., Freedman, M., 1982. "An Analysis of the Informational Content of Pollution Disclosures", *Financial Review*, 17 (3): 142-152.

[257] Janney, J. J., Gove, S., 2011. "Reputation and Corporate Social

Responsibility Aberrations, Trends, and Hypocrisy: Reactions to Firm Choices in the Stock Option Backdating Scandal", *Journal of Management Studies*, 48 (7): 1562 – 1585.

[258] Jensen, M. C., Murphy, K. J., 1990. "Performance Pay and Top-Management Incentives", *Journal of Political Economy*, 98 (2): 225 – 264.

[259] Jin, H., Qian, Y., Weingast, B. R., 2005. "Regional Decentralization and Fiscal Incentives: Federalism, Chinese Style", *Journal of Public Economics*, 89 (9): 1719 – 1742.

[260] Johnson, S., Mitton, T., 2003. "Cronyism and Capital Controls: Evidence from Malaysia", *Journal of Financial Economics*, 67 (2): 351 – 382.

[261] Jones, B., Bowd, R., Tench, R., 2009. "Corporate Irresponsibility and Corporate Social Responsibility: Competing Realities", *Social Responsibility Journal*, 5 (3): 300 – 310.

[262] Jones, D. A., 2011. "Does Serving the Community also Serve the Company? Using Organizational Identification and Social Exchange Theories to Understand Employee Responses to a Volunteerism Programme", *Journal of Occupational & Organizational Psychology*, 83 (4): 857 – 878.

[263] Jones, S. C., Wyatt, A., Daube, M., 2016. "Smokescreens and Beer Goggles: How Alcohol Industry CSM Protects the Industry", *Social Marketing Quarterly*, 22 (4): 264 – 279.

[264] Kahneman, D. J. L., Knetsch, R. T., 1986. "Fairness and the Assumptions of Economics (Part 2: The Behavioral Foundations of Economic Theory)", *The Journal of Business*, 59 (4): 285 – 300.

[265] Kamas, L., Preston, A., 2012. "Distributive and Reciprocal

Fairness: What can We Learn from the Heterogeneity of Social Preferences?", *Journal of Economic Psychology*, 33 (3): 538 – 553.

[266] Kane, M. B. E, Mitchell, R. E., 1996. Implementing Performance Assessment: Promises, Problems, and Challenges, Lawrence Erlbaum Associates, Inc. Publishers.

[267] Kang, K. H., Lee, S., Huh, C., 2010. "Impacts of Positive and Negative Corporate Social Responsibility Activities on Company Performance in the Hospitality Industry", *International Journal of Hospitality Management*, 29 (1): 72 – 82.

[268] Katok, E., Pavlov, V., 2013. "Fairness in Supply Chain Contracts: A Laboratory Study", *Journal of Operations Management*, 31 (3): 129 – 137.

[269] Khwaja, A. I., Mian, A., 2005. "Do Lenders Favor Politically Connected Firms? Rent Provision in an Emerging Financial Market", *The Quarterly Journal of Economics*, 120 (4): 1371 – 1411.

[270] Kim, J. B., Li, Y., Zhang, L., 2011. "Corporate Tax Avoidance and Stock Price Crash Risk: Firm-Level Analysis", *Journal of Financial Economics*, 100 (3): 639 – 662.

[271] Kim, Junghyun., et al., 2010. "A Study about the Variables Influencing The Effect Of Corporate Social Responsibility (CSR) Activities", *Advertising Research*, 87: 339 – 363.

[272] Kim, Y., Park, M. S., Wier, B., 2012. "Is Earnings Quality Associated with Corporate Social Responsibility?", *The Accounting Review*, 87 (3): 761 – 796.

[273] Kinderman, D., 2013. "Corporate Social Responsibility in the EU, 1993 – 2013: Institutional Ambiguity, Economic Crises, Business Legitimacy and Bureaucratic Politics", *JCMS: Journal of Common*

Market Studies, 51 (4): 701 – 720.

[274] Kogut, B., Zander, U., 1992. "Knowledge of the Firm, Combinative Capabilities, and the Replication of Technology", *Organization Science*, 3: 383 – 397.

[275] Kölbel, J. F., Busch, T., Jancso, L. M., 2017. "How Media Coverage of Corporate Social Irresponsibility Increases Financial Risk", *Strategic Management Journal*, 38 (11): 2266 – 2284.

[276] Krueger, A. O., 1974. "The Political Economy of the Rent-Seeking Society", *The American Economic Review*, 64 (3): 291 – 303.

[277] Kumar, N., Scheer, L. K., Steenkamp, J. B. E. M., 1995. "The Effects of Supplier Fairness on Vulnerable Resellers", *Journal of Marketing Research*, 32 (1): 54 – 65.

[278] Lafferty, B. A., Goldsmith, R. E., 1999. "Corporate Credibility's Role in Consumers' Attitudes and Purchase Intentions When a High Versus a Low Credibility Endorser is used in the Ad", *Journal of Business Research*, 44 (2): 109 – 116.

[279] Landry, S., Deslandes, M., Fortin, A., 2013. "Tax Aggressiveness, Corporate Social Responsibility, and Ownership Structure", *Journal of Accounting, Ethics & Public Policy*, 14 (3): 611 – 645.

[280] Lange, D., Washburn, N. T., 2012. "Understanding Attributions of Corporate Social Irresponsibility", *Academy of Management Review*, 37 (2): 300 – 326.

[281] Lanis, R., Richardson, G., 2015. "Is Corporate Social Responsibility Performance Associated with Tax Avoidance?", *Journal of Business Ethics*, 127 (2): 439 – 457.

[282] Lauterbach, B., Vu, J., Weisberg, J., 1999. "Internal VS Ex-

ternal Successions and Their Effect on Firm Performance", *Human Relations*, 52 (12): 1485 - 1504.

[283] Lee, C. C., Lin, C. W., 2016. "Globalization, Political Institutions, Financial Liberalization, and Performance of the Insurance Industry", *The North American Journal of Economics and Finance*, 36: 244 - 266.

[284] Lee, H., Kwak, W., Han, I., 1995. "Developing a Business Performance Evaluation System: An Analytic Hierarchical Model", *The Engineering Economist*, 40 (4): 343 - 357.

[285] Lee, J. W., Abosag, L., Kwak, J., 2012. "The Role of Networking and Commitment in Foreign Market Entry Process: Multinational Corporations in the Chinese Automobile Industry", *International Business Review*, 21: 27 - 39.

[286] Lee, S. Y., Seo, Y. W., 2017. "Corporate Social Responsibility Motive Attribution by Service Employees in the Parcel Logistics Industry as a Moderator between CSR Perception and Organizational Effectiveness", *Sustainability*, 9 (3): 1 - 13.

[287] Lepoutre, J., Heene, A., 2006. "Investigating the Impact of Firm Size on Small Business Social Responsibility: A Critical Review", *Journal of Business Ethics*, 67 (3): 257 - 273.

[288] Leuz, C., Nanda, D., Wysocki, P. D., 2003. "Earnings Management and Investor Protection: An International Comparison", *Journal of Financial Economics*, 69 (3): 505 - 527.

[289] Lew, Y. K., Sinkovics, R. R., Kuivalainen, O., 2013. "Upstream Internationalization Process: Roles of Social Capital In Creating Exploratory Capability and Market Performance", *International Business Review*, 22 (6): 1101 - 1120.

[290] Li, H., Meng, L., Wang, Q., et al., 2008. "Political Connections, Financing and Firm Performance: Evidence from Chinese Private Firms", *Journal of Development Economics*, 87 (2): 283 - 299.

[291] Li, S. H., Song, X. Z., Wu, H. Y., 2015. "Political Connection, Ownership Structure, and Corporate Philanthropy in China: A Strategic Political Perspective", *Journal of Business Ethics*, 129 (2): 399 - 411.

[292] Li, S., Fetscherin, M., Alon, I., et al., 2010. "Corporate Social Responsibility in Emerging Markets: The Importance of the Governance Environment", *Management International Review*, 50 (5): 635 - 654.

[293] Liket, K., Simaens, A., 2013. "Battling the Devolution in the Research on Corporate Philanthropy", *Journal of Business Ethics*, 126 (2): 285 - 308.

[294] Lin, K. J., Tan, J. S., Zhao, L. M., et al., 2015. "In the Name of Charity: Political Connections and Strategic Corporate Social Responsibility in a Transition Economy", *Journal of Corporate Finance*, 32: 327 - 346.

[295] Lin-Hi, N., Blumberg, I., 2012. "The Link Between Self and Societal Interests in Theory and Practice", *European Management Review*, 9 (1): 19 - 30.

[296] Lin-Hi, N., Müller, K., 2013. "The CSR Bottom Line: Preventing Corporate Social Irresponsibility", *Journal of Business Research*, 66 (10): 1928 - 1936.

[297] Linthicum, C., Reitenga, A. L., Sanchez, J. M., 2010. "Social Responsibility and Corporate Reputation: The Case of the Arthur Andersen Enron Audit Failure", *Journal of Accounting and Public*

Policy, 29 (2): 160 - 176.

[298] Liu, Y. X., 2011. "A Research on the Impact of Tax Policy on FDI in China", *International Conference on Engineering and Business Management*, vols (1 - 6): 3487 - 3490.

[299] Lubin, D. A., Esty, D. C., 2010. "The Sustainability Imperative", *Harvard Business Review*, 88 (5): 42 - 50.

[300] Manne, H. G., 1962. "The 'Higher Criticism' of the Modern Corporation", *Columbia Law Review*, 62 (3): 399 - 432.

[301] Marsat, S., Williams, B., 2011. "CSR and Market Valuation: International Evidence", International Conference of the French Finance Association (AFFI).

[302] Martínez-Ferrero, J., Banerjee, S., García-Sánchez, I. M., 2016. "Corporate Social Responsibility as a Strategic Shield Against Costs of Earnings Management Practices", *Journal of Business Ethics*, 133 (2): 305 - 324.

[303] Matten, D., Moon, J., 2008. "'Implicit' and 'Explicit' CSR: A Conceptual Framework for a Comparative Understanding of Corporate Social Responsibility", *Academy of Management Review*, 33 (2): 404 - 424.

[304] Mcguire, J. B., Sundgren, A., Schneeweis, T., 1988. "Corporate Social Responsibility and Firm Financial Performance", *Academy of Management Journal*, 31 (4): 854 - 872.

[305] Mcwilliams, A., Siegel, D., 2000. "Corporate Social Responsibility and Financial Performance: Correlation or Misspecification?", *Strategic Management Journal*, 21 (5): 603 - 609.

[306] Mcwilliams, A., Siegel, D., 2001. "Corporate Social Responsibility: A Theory of the Firm Perspective", *Academy of Management*

Review, 26 (1): 117 - 127.

[307] Mill, J. S., 1848. *Principles of Political Economy With Some of Their Applications to Social Philosophy*, Manchester, George Routledge and Sons.

[308] Minor, D., Morgan, J., 2011. "CSR as Reputation Insurance: Primum Non Nocere", *California Management Review*, 53 (3): 40 - 59.

[309] Mohr, L. A., Webb, D. J., 2005. "The Effects of Corporate Social Responsibility and Price on Consumer Responses", *Journal of Consumer Affairs*, 39 (1): 121 - 147.

[310] Moskowitz, M., 1972. "Choosing Socially Responsible Stocks", *Business and Society Review*, 1 (1): 1 - 75.

[311] Muller, A., Kolk, A., 2015. "Responsible Tax as Corporate Social Responsibility: The Case of Multinational Enterprises and Effective Tax in India", *Business & Society*, 54 (4): 435 - 463.

[312] Newberry, K., Parthasarathy, K., 2007. "The Impact of Financial Restatements on Debt Markets", Working Paper, University of Houston.

[313] Ohreen, D. E., Petry, R. A., 2012. "Imperfect Duties and Corporate Philanthropy: A Kantian Approach", *Journal of Business Ethics*, 106 (3): 367 - 381.

[314] Ojasoo, M., 2016. "CSR Reporting, Stakeholder Engagement and Preventing Hypocrisy through Ethics Audit", *Journal of Global Entrepreneurship Research*, 6 (1): 14.

[315] Orlitzky, M., Schmidt, F. L., Rynes, S. L., 2003. "Corporate Social and Financial Performance: A Meta-Analysis", *Organization Studies*, 24 (3): 403 - 441.

[316] Parguel, B., Benoît-Moreau, F., Larceneux, F., 2011. "How

Sustainability Ratings Might Deter ‘Green Washing’: A Closer Look at Ethical Corporate Communication”, *Journal of Business Ethics*, 102 (1): 15 – 28.

[317] Park, J., Lee, H., Kim, C., 2014. “Corporate Social Responsibilities, Consumer Trust and Corporate Reputation: South Korean Consumers’ Perspectives”, *Journal of Business Research*, 67 (3): 295 – 302.

[318] Penrose, E., 1959. “Theory of the Growth of the Firm”, *Journal of the Operational Research Society*, 23 (2): 240 – 241.

[319] Peteraf, M. A., 1993. “The Cornerstones of Competitive Advantage: A Resource Based View”, *Strategic Management Journal*, 14 (3): 179 – 191.

[320] Petrovits, C. M., 2006. “Corporate-Sponsored Foundations and Earnings Management”, *Journal of Accounting and Economics*, 41 (3): 335 – 362.

[321] Petty, R. E., Cacioppo, J. T., 1977. “Forewarning, Cognitive Responding, and Resistance to Persuasion”, *Journal of Personality and Social Psychology*, 35 (9): 645 – 655.

[322] Pham, M. T., Muthukrishnan, A. V., 2002. “Search and Alignment in Judgment Revision: Implications for Brand Positioning”, *Journal of Marketing Research*, 39 (1): 18 – 30.

[323] Pigou, A. C., 1932. “The Effect of Reparations on the Ratio of International Interchange”, *The Economic Journal*, 42 (168): 532 – 543.

[324] Porter, M. E., Kramer, M. R., 2006. “Strategy and Society: The Link Between Competitive Advantage and Corporate Social Responsibility”, *Harvard Business Review*, 84 (12): 78 – 92.

[325] Prahalad, C. K., Hamel, G., 1990. "The Core Competence of the Corporation", *Harvard Business Review*, 68 (3): 79 - 91.

[326] Preston, L. E., O'bannon, D. P., 1997. "The Corporate Social-Financial Performance Relationship: A Typology and Analysis", *Business & Society*, 36 (4): 419 - 429.

[327] Price, J. M., Sun, W., 2017. "Doing Good and Doing Bad: The Impact of Corporate Social Responsibility and Irresponsibility on Firm Performance", *Journal of Business Research*, 80: 82 - 97.

[328] Prior, D., Surroca, J., Tribó, J. A., 2008. "Are Socially Responsible Managers Really Ethical? Exploring the Relationship Between Earnings Management and Corporate Social Responsibility", *Corporate Governance: An International Review*, 16 (3): 160 - 177.

[329] Qi, Y., Roth, L., Wald, J., 2010. "Political Rights and the Cost of Debt", *Journal of Financial Economics*, 95: 202 - 226.

[330] Rabin, M., 1993. "Incorporating Fairness into Game Theory and Economics", *American Economic Review*, 83 (5): 1281 - 1302.

[331] Rafiei, M., Far, S. A. H., 2014. "Effect of State Ownership on Firm Performance and Dividend Payout Policy", *International Journal of Academic Research in Business & Social Sciences*, 4 (7): 213 - 219.

[332] Rhenman, E., 1968. "Industrial Democracy and Industrial Management: A Critical Essay on the Possible Meanings and Implications of Industrial Democracy", *American Sociological Review*, 35 (1): 132.

[333] Riera, M., Iborra, M., 2017. "Corporate Social Irresponsibility: Review and Conceptual Boundaries", *European Journal of Management and Business Economics*, 26 (2): 146 - 162.

[334] Roberts, P. W., Dowling, G. R., 2002. "Corporate Reputation

and Sustained Superior Financial Performance", *Strategic Management Journal*, 23 (12): 1077 - 1093.

[335] Rowley, T. J., 1997. "Moving Beyond Dyadic Ties: A Network Theory of Stakeholder Influences", *Academy of Management Review*, 22 (4): 887 - 910.

[336] Rubin, A., Barnea, A., 2010. "Corporate Social Responsibility as a Conflict Between Shareholders", *Journal of Business Ethics*, 97 (1): 71 - 86.

[337] Ruf, B. M., Muralidhar, K., Brown, R. M., et al., 2001. "An Empirical Investigation of the Relationship between Change in Corporate Social Performance and Financial Performance: A Stakeholder Theory Perspective", *Journal of Business Ethics*, 32 (2): 143 - 156.

[338] Sarre, R., Doig, M., Fiedler, B., 2001. "Reducing the Risk of Corporate Irresponsibility: The Trend to Corporate Social Responsibility", Accounting Forum. Blackwell Publishers Ltd, 300 - 317.

[339] Say, J. B., 1964. *Treatise on Political Economy: On the Production*, New York: Distribution and Consumption of Wealth.

[340] Schadewitz, H., Niskala, M., 2010. "Communication via Responsibility Reporting and Its Effect on Firm Value in Finland", *Corporate Social Responsibility and Environmental Management*, 17 (2): 96 - 106.

[341] Scharner, M., Pochtrager, S., Larcher, M., 2016. "Risk Attitude and Risk Perception of Dairy Farmers in Austria", *German Journal of Agricultural Economics*, 65 (4): 262 - 273.

[342] Scholtens, B., Kang, F. C., 2013. "Corporate Social Responsibility and Earnings Management: Evidence from Asian Economies",

Corporate Social Responsibility and Environmental Management, 20 (2): 95 – 112.

[343] Schön, W., 2008. "Tax and Corporate Governance: A Legal Approach", *Tax and Corporate Governance*. Springer, Berlin, Heidelberg, 31 – 61.

[344] Scott, W. R., 1995. *Institutions and Organizations*, Thousand Oaks, CA: Sage.

[345] Semenova, N., Hassel, L., Nilsson, H., 2010. "The Value Relevance of Environmental and Social Performance: Evidence from Swedish SIX 300 Companies", *Sustainable Investment & Corporate Governance Working Papers*, 3 (3): 265 – 292.

[346] Sheehy, B., 2015. "Defining CSR: Problems and Solutions", *Journal of Business Ethics*, 131 (3): 625 – 648.

[347] Sheldon, Oliver., 1924. *The Social Responsibility of Management, the Philosophy of Management*, London: Sir Isaac Pitman and Sons Ltd.

[348] Shklar, J. N., 1984. "The Renaissance American", *New Republic*, 191 (18).

[349] Shleifer, A., Vishny, R., 1998. *The Grabbing Hand: Government Pathologies and Their Cures*, Harvard University Press.

[350] Sikka, P., 2010. "Smoke and Mirrors: Corporate Social Responsibility and Tax Avoidance", *Accounting Forum*, 34 (3): 153 – 168.

[351] Skatova, A., Ferguson, E., 2011. "What Makes People Cooperate? Individual Differences in BAS/BIS Predict Strategic Reciprocation in a Public Goods Game", *Personality and Individual Differences*, 51 (3): 237 – 241.

[352] Smith, A., 1776. *An Inquiry into the Nature and Causes of the*

Wealth of Nations, London: George Routledge and Sons.

[353] Smith, N. C., Palazzo, G., Bhattacharya, C. B., 2010. "Marketing's Consequences: Stakeholder Marketing and Supply Chain Corporate Social Responsibility Issues", *Business Ethics Quarterly*, 20 (4): 617 - 641.

[354] Spencer, J. W., Murtha, T. P., Lenway, S. A., 2005. "How Governments Matter to New Industry Creation", *Academy of Management Journal*, 30 (2): 321 - 337.

[355] Spender, J. C., 1996. "Organizational Knowledge, Learning and Memory: Three Concepts In Search of A Theory", *Journal of Organizational Change Management*, 9 (1): 63 - 78.

[356] Spicer, B. H., 1978. "Investors, Corporate Social Performance and Information Disclosure: An Empirical Study", *Accounting Review*, 53 (1): 94 - 111.

[357] Stevens, J. M., Kevin, Steensma. H., Harrison, D. A., et al., 2005. "Symbolic or Substantive Document? The Influence of Ethics Codes on Financial Executives' Decisions", *Strategic Management Journal*, 26 (2): 181 - 195.

[358] Stiglitz, J. E., 1998. "More Instruments and Broader Goals: Moving Toward the Post-Washington Consensus", Helsinki: UNU/WIDER.

[359] Subroto, Hadi., 2003. "The Impact of Social Responsibility on Business Performa Ncelink", *Strategic Management Journal*, 18: 303 - 319.

[360] Suchman, M. C., 1995. "Managing Legitimacy: Strategic and Institutional Approaches", *Academy of Management Review*, 20 (3): 571 - 610.

[361] Teece, D. J., 2007. "Explicating Dynamic Capabilities: The Nature and Microfoundations of (Sustainable) Enterprise Performance", *Strategic Management Journal*, 28: 1319 – 1350.

[362] Thomas, A. S., Litschert, R. J., Ramaswamy, K., 1991. "The Performance Impact of Strategy-Manager Coalignment: An Empirical Examination", *Strategic Management Journal*, 12 (7): 509 – 522.

[363] Tolbert, P. S., Zucker, L. G., 1999. "The Institutionalization of Institutional Theory", *Studying Organization. Theory & Method*, 169 – 184.

[364] Tullock, G., 1967. "The Welfare Costs of Tariffs, Monopolies, and Theft", *Economic Inquiry*, 5 (3): 224 – 232.

[365] Ullmann, A. A., 1985. "Data in Search of a Theory: A Critical Examination of the Relationships among Social Performance, Social Disclosure, and Economic Performance of U. S. Firms", *Academy of Management Review*, 10 (3): 540 – 557.

[366] Vachon, S., Klassen, R. D., 2008. "Environmental Management and Manufacturing Performance: The Role of Collaboration in the Supply Chain", *International Journal of Production Economics*, 111 (2): 299 – 315.

[367] Vance, S. C., 1975. "Are Socially Responsible Corporations Good Investment Risks", *Management Review*, 64 (8): 19 – 24.

[368] Vidaver-Cohen, D., Brønn, P. S., 2008. "Corporate Citizenship and Managerial Motivation: Implications for Business Legitimacy", *Business and Society Review*, 113 (4): 441 – 475.

[369] Vong, F., Wong, I. K. A., 2013. "Corporate and Social Performance Links in the Gaming Industry", *Journal of Business Research*, 66 (9): 1674 – 1681.

[370] Wagner, T., Bicen, P., Hall, Z. R., 2008. "The Dark Side of Retailing: Towards a Scale of Corporate Social Irresponsibility", *International Journal of Retail and Distribution Management*, 36 (2): 124 - 142.

[371] Wagner, T., Lutz, R. J., Weitz, B. A., 2009. "Corporate Hypocrisy: Overcoming the Threat of Inconsistent Corporate Social Responsibility Perceptions", *Journal of Marketing*, 73 (6): 77 - 91.

[372] Walters, A. C., Ramiah, V., 2016. "Is It Possible to be Too Risk Averse? Considerations for Financial Management in the Public Sector", *Applied Economics Letters*, 23 (17): 1 - 5.

[373] Wartick, S. L., Cochran, P. L., 1985. "The Evolution of the Corporate Social Performance Model", *Academy of Management Review*, 10 (4): 758 - 769.

[374] Watts, R. L., Zimmerman, J. L., 1978. "Towards a Positive Theory of the Determination of Accounting Standards", *Accounting Review*, 53 (1): 112 - 134.

[375] Wernerfelt, B., 1984. "A Resource-Based View of the Firm", *Strategic Management Journal*, 5 (2): 171 - 180.

[376] Williams, G., Zinkin, J., 2008. "The Effect of Culture on Consumers' Willingness to Punish Irresponsible Corporate Behaviour: Applying Hofstede's Typology to the Punishment Aspect of Corporate Social Responsibility", *Business Ethics A European Review*, 17 (2): 210 - 226.

[377] Williamson, O. E., 1991. "Comparative Economic Organization: The Analysis of Discrete Structural Alternatives", *Administrative Science Quarterly*, 36: 269 - 296.

[378] Williamson, O. E., 2002. "The Lens of Contract: Private Orde-

ring", *The American Economic Review*, 92 (2): 438 - 443.

[379] Wood, D. J., 1991. "Corporate Social Performance Revisited", *Academy of Management Review*, 16 (4): 691 - 718.

[380] Woodcock, C. P., Beamish, P. W., Makino, S., 1994. "Ownership-Based Entry Mode Strategies and International Performance", *Journal of International Business Studies*, 25 (2): 253 - 273.

[381] Wu, M. W., Shen, C. H., 2013. "Corporate Social Responsibility in the Banking Industry: Motives and Financial Performance", *Journal of Banking & Finance*, 37 (9): 3529 - 3547.

[382] Zaharia, R. M., Grundey, D., 2011. "Corporate Social Responsibility in the Context of Financial Crisis: A Comparison Between Romania and Lithuania", *Amfiteatru Economic Journal*, 13 (29): 195 - 206.

[383] Zhang, M., Tong, L., Su, J., et al., 2015. "Analyst Coverage and Corporate Social Performance: Evidence from China", *Pacific-Basin Finance Journal*, 32: 76 - 94.

图书在版编目(CIP)数据

企业社会责任与经营绩效 / 郑淑芳著. -- 北京 : 社会科学文献出版社, 2019.12

ISBN 978 - 7 - 5201 - 5205 - 1

Ⅰ. ①企… Ⅱ. ①郑… Ⅲ. ①企业责任 - 社会责任 - 影响 - 企业绩效 - 研究 - 中国 Ⅳ. ①F279.23

中国版本图书馆 CIP 数据核字(2019)第 150528 号

企业社会责任与经营绩效

著　　者 / 郑淑芳

出 版 人 / 谢寿光
组稿编辑 / 高　雁
责任编辑 / 颜林柯

出　　版 / 社会科学文献出版社 · 经济与管理分社 (010) 59367226
地址: 北京市北三环中路甲 29 号院华龙大厦　邮编: 100029
网址: www.ssap.com.cn
发　　行 / 市场营销中心 (010) 59367081　59367083
印　　装 / 三河市尚艺印装有限公司

规　　格 / 开 本: 787mm × 1092mm　1/16
印 张: 13　字 数: 177 千字
版　　次 / 2019 年 12 月第 1 版　2019 年 12 月第 1 次印刷
书　　号 / ISBN 978 - 7 - 5201 - 5205 - 1
定　　价 / 98.00 元

本书如有印装质量问题, 请与读者服务中心 (010 - 59367028) 联系